COUR IMPÉRIALE

DE PARIS

—

1re CHAMBRE

—

M. DEVIENNE
Premier Président

—

M. CAZENAVE
Président

—

M. OSCAR DE VALLÉE
1er Avocat général

AUDIENCE DU SAMEDI

AFFAIRE DE LA COMPAGNIE UNIVERSELLE

DU

CANAL MARITIME DE SUEZ

INTIMÉE

CONTRE

MM. NOUETTE-DELORME

Directeur-Gérant du *JOURNAL DES TRAVAUX PUBLICS*

E.-P. DE CHABAUD

Rédacteur du même Journal

et SOULAINE

Directeur-Gérant du *CONSEILLER, GAZETTE DES CHEMINS DE FER*

APPELANTS.

CONCLUSIONS

De M. **AUBÉPIN**, Avocat impérial

ET

Jugement de la 1re Chambre du Tribunal civil de la Seine
en date du 17 août 1866.

PARIS

IMPRIMERIE CENTRALE DES CHEMINS DE FER

A. CHAIX ET Cie

RUE BERGÈRE, 20, PRÈS DU BOULEVARD MONTMARTRE.

1867

11ᵉ ANNEE.　　　　Nº 243.　　　　15-22 AOUT 1866.

ERRATUM.

Notre dernier numéro, page 248, contenait, dans l'article intitulé les *Actions à la Bourse*, une erreur d'impression que nous devons signaler. Les quelques réflexions précédant une lettre de M. Paul Breton, portent la signature Ferd. de Lesseps. Nous nous sommes assuré par le manuscrit et les épreuves corrigées que ces lignes étaient signées de notre gérant, M. Ernest Desplaces. Cette substitution de nom n'est et ne peut être que le résultat de la hâte d'un ouvrier au moment du tirage.

ISSUE DE L'INSTANCE

Engagée par la Compagnie devant le tribunal de la Seine.

La première chambre du tribunal civil de la Seine a prononcé, le 17 août, son jugement dans le procès en dommages intenté par la Compagnie du canal de Suez au *Journal des Travaux publics*, au *Conseiller, gazette des chemins de fer*, et à la *Correspondance autographiée* Denéchaud.

A l'audience précédente du 10, M. Aubépin, avocat impérial, avait développé ses conclusions dans un discours qui, pendant près de trois heures, n'a pas cessé un instant de captiver son auditoire.

Le retentissement qu'avait eu cette affaire, l'émotion qui l'avait précédée et accompagnée, nous avaient inspiré l'intention d'en soumettre, dans leur intégralité, les débats à nos lecteurs, et nous leur en avions fait la promesse. Mais l'étendue qu'ils ont prise dans les cinq audiences et les incidents qui s'y sont produits, dépassent toutes les limites possibles de notre feuille. Notre cadre, même très-élargi, ne pourrait pas les contenir. Ils ne peuvent qu'être l'objet d'une publication spéciale qui s'effectuera, nous l'espérons.

Obligé de nous restreindre, nous nous abstiendrons de reproduire les plaidoiries de part et d'autre ; et, les effets de cette discussion contradictoire se révélant d'abord et se reflétant dans l'opinion du ministère public, premier appréciateur impartial et légal des questions déférées à la justice, nous nous bornons à publier en leur entier les conclusions de M. l'avocat impérial.

A la suite de ce document judiciaire, que nous tenons à conserver et qui restera, nous avons placé le jugement du tribunal qui en est comme l'affirmation.

Le tribunal a prononcé les condamnations suivantes au profit de la Compagnie :

80,000 francs de dommages-intérêts contre le *Journal des Travaux publics*, solidairement dans les personnes de M. Nouette-Delorme, son directeur-gérant, et M. E.-P. de Chabaud, l'un de ses rédacteurs ;

40,000 francs contre *le Conseiller, gazette des chemins de fer*, solidairement dans les personnes de MM. Soulaine et Denéchaud, ses directeurs-gérants ;

20,000 francs contre la *Correspondance autographiée*, dans la personne de M. Denéchaud seul ;

L'insertion du jugement dans cinquante journaux français ou étrangers, dont vingt à la charge de MM. Nouette-Delorme et E.-P. de Chabaud, solidairement ; vingt à la charge de MM. Denéchaud et Soulaine, solidairement ; et dix à la charge de M. Denéchaud seul.

La loyauté nous fait un devoir de dire que M. Denéchaud a cessé d'être le gérant du *Conseiller* depuis la fin de février dernier ; c'est-à-dire trois mois après la poursuite intentée contre les articles condamnés.

Il est aujourd'hui public que M. Denéchaud est passé à l'étranger, laissant un fort déficit à la Bourse et dans sa maison de banque. Sa faillite a été déclarée par le tribunal de commerce.

ERNEST DESPLACES.

CONCLUSIONS DE M. AUBÉPIN, AVOCAT IMPÉRIAL.

Tribunal civil de la Seine (1re chambre).

PRÉSIDENCE DE M. BENOIT-CHAMPY.

Audience du 10 août.

M. LE PRÉSIDENT. — M. l'avocat impérial a la parole pour développer ses conclusions.

M. AUBÉPIN, avocat impérial :

Messieurs,

Il y a deux ans passés, la Compagnie universelle du canal maritime de Suez appelait à votre barre l'un des organes des plus importants et des plus accrédités de la presse financière. Elle lui imputait d'avoir, dans une pensée d'hostilité systématique, accumulé les incriminations les plus graves et les moins justifiées, soit contre l'entreprise même, soit contre la personne de ceux qui la dirigeaient. Et alors s'élevait devant vous cette question, tant de fois débattue, souvent tranchée, sans cesse réveillée, toujours digne d'un nouvel examen par les intérêts supérieurs qu'elle engage : en présence des entreprises industrielles, commerciales, financières, qui se pressent sur le marché et sollicitent de toutes parts le concours de la fortune privée, quels sont les droits du publiciste ? A côté de ses droits, quels sont ses devoirs ? Votre jugement du 26 février 1862 répondit, en rappelant à l'écrivain dont l'œuvre vous était déférée, les obligations imprescriptibles d'impartialité, de sincérité, de mesure, qu'il avait méconnues.

Aujourd'hui les immunités de la presse financière sont de nouveau revendiquées à votre barre, sur une nouvelle attaque de la Compagnie universelle du canal maritime de Suez. Sur quels faits importants, géminés, dommageables au premier chef, cette attaque repose, vous ne l'avez pas oublié. Pendant plusieurs mois, trois journaux, coalisés pour une œuvre commune de dénigrement et de discrédit, auraient multiplié les accusations les plus injustes, semé les craintes les moins fondées, répandu les alarmes les plus chimériques autour de la Compagnie, de son passé, de son présent, de son avenir, de ses moyens d'actions, de ses éléments de succès, et jusqu'autour de la personne de ceux qu'elle a mis à sa tête. Puis, l'inquiétude ainsi jetée dans l'esprit des actionnaires, le cours des actions déprécié à la Bourse, l'agitation créée partout, les trois journaux se seraient groupés dans un effort suprême pour susciter à la Compagnie les embarras les plus sérieux, paralyser ses ressources, entraver sa marche, et fomenter dans son sein les discordes les plus graves. Enfin, toutes ces manœuvres n'auraient eu qu'un but, favoriser, au profit de ceux qui les pratiquaient, une opération de Bourse considérable, non moins dangereuse pour les actionnaires que pour le crédit de la Compagnie, digne en tous cas des plus sévères réprobations.

Messieurs, je n'ai point à rappeler devant vous les droits incontestables de la presse financière ; droits de contrôle sévère, d'examen approfondi, de critique rigoureuse sur les affaires qui sollicitent la confiance publique. Nul ici ne les a contestés, tous au besoin les auraient revendiqués, et de ce siége même, s'il était nécessaire, ils seraient encore proclamés et défendus. Mais si les droits de la presse sont incontestables, ses devoirs ne le sont pas moins. L'exercice de ses droits ne peut être maintenu sans danger et sans dommage, qu'au prix de la stricte observation de ses devoirs. On ne l'a pas davantage contesté dans ce débat ; et quand je cherche à fixer la limite des obligations que le publiciste assume en abordant l'examen des questions financières dans leurs rapports avec l'intérêt privé, je ne saurais assurément mieux faire que d'en emprunter la formule à l'une des plaidoiries que vous avez entendues, pour l'un des journaux incriminés. Le droit de contrôle, d'examen, de critique, vous disait-on, entraîne nécessairement et corrélativement un devoir étroit de désintéressement, de bonne foi, de sincérité dans l'application des actes, et de mesure dans le jugement des personnes.

Désintéressement, bonne foi, sincérité, mesure ! Si tous ces caractères se rencontrent dans les publications diverses qui sont mises sous vos yeux, le droit protégera les défendeurs contre les susceptibilités exagérées de l'intérêt qui réclame. Si, au contraire, l'un de ces caractères vient à manquer dans les articles de journaux qui vous sont soumis, le devoir aura été transgressé, le droit excédé, et l'intérêt qui réclame aura fait un juste appel à votre protection.

Trois journaux sont déférés à votre examen : le *Journal des Travaux publics*, dirigé par Nouette-Delorme ; le *Conseiller*, *gazette des chemins de fer*, dirigé avant l'instance par Soulaine et Denéchaud, et depuis le mois de février dernier par Soulaine seul ; la *Correspondance autographiée*, rédigée par Denéchaud.

Du 13 août au 19 novembre 1865, le *Journal des Travaux publics* a consacré à la Compagnie demanderesse huit articles qui tous sont relevés dans la demande. A Dieu ne plaise que je les reprenne tous ici ! Je n'en veux retenir que quatre, qui résument la pensée du journal et qui se placent aux dates du 13 août, du 24 août, du 8 octobre et du 19 novembre.

L'article du 13 août est ainsi conçu :

« L'insistance, de jour en jour plus pressante, des questions qui nous sont adressées, accuse dans l'opinion publique, et tout particulièrement chez les actionnaires de la Compagnie du canal maritime de Suez, l'existence de préoccupations sérieuses sur l'état présent et sur l'avenir de cette grande entreprise.

» Ces inquiétudes semblent avoir pour cause accidentelle le retard apporté dans la réunion de l'assemblée générale annuelle ; le silence qui a été gardé sur les résultats de la mission accomplie en Égypte par les délégués des Chambres de commerce ; le soin avec lequel on a évité la diffusion en France des opinions émises par les délégués étrangers ; enfin, les bruits, plus ou moins fondés, sur l'état des travaux, que de nombreuses correspondances, venues d'Égypte, présentent sous un aspect peu rassurant.

» Le public, qui apporte tant de fougue et d'irréflexion, lorsqu'il s'engage dans les affaires, au moment de leur création, s'alarme ensuite, avec autant de promptitude et d'exagération, dès qu'il se voit en face de difficultés. L'expérience n'a pas encore suffi à son éducation en matière d'affaires. Avec le temps, il s'habituera, sans doute, à raisonner froidement les éléments intrinsèques des entreprises ; à ne s'y engager qu'avec modération et sans illusion ; à subir avec calme les déceptions, quand elles viennent trahir des espérances basées sur des calculs sérieux ; à envisager bravement les obstacles et à sauver, par sa bonne contenance, les opérations qui doivent traverser des phases difficiles, au lieu de les précipiter en s'abandonnant à de folles paniques.

» La presse financière et industrielle peut être d'une grande utilité pour réaliser cette éducation, dont le résultat serait la *virilité* de l'actionnaire dans le véritable sens que l'antiquité donnait à l'expérience. Mais si la presse peut offrir un enseignement efficace, c'est à la condition de rester elle-même, de ne pas être l'écho bénévole des fondateurs et directeurs de Compagnies, et de tenir souvent à ces derniers, comme aux actionnaires, un langage contraire à l'assurance outrée des uns, à la complaisance pusillanime des autres.

» Les récents désastres qui ont affligé le marché des capitaux industriels nous ont fait un devoir d'entrer dans cette voie, et nous sommes bien résolus à y persévérer.

» A l'égard de la Compagnie du canal maritime de Suez, nous nous sentons d'autant plus à l'aise que nous sommes parmi ses amis. Nous avons donné tout notre concours à ceux qui ont pris la courageuse initiative de cette œuvre, si grande par l'universalité de son intérêt, par les obstacles qui s'opposaient à sa réalisation, par la gloire que son accomplissement doit laisser à notre génération et à la France, en raison de la plus grande part qu'elle y prend.

» Nous n'éprouvons, par conséquent, aucun embarras à reconnaître que l'entreprise du canal de Suez est dans dans une situation difficile ; qu'il faut s'attendre à voir cette situation empirer encore ; qu'il y a beaucoup à décompter des espérances conçues dans l'origine, et qu'il y a nécessité de prendre des mesures importantes.

» Mais nous disons qu'avant tout il faut ne pas grandir démesurément la gravité des choses, et que, pour cela, il est urgent, indispensable, que la vérité soit connue, dépouillée de toute exagération en bien et en mal.

» On doit donc trouver logique le retard qui a été apporté à la réunion de l'assemblée des actionnaires si, comme il nous est affirmé, l'honorable président de la Compagnie consacre ce temps et ses efforts à rassembler tous les matériaux nécessaires pour présenter à l'assemblée du mois d'octobre une exposition complète de la situation.

» Personne ne voudra reprocher à M. de Lesseps d'avoir retardé de quelques semaines une communication aussi importante ; car, après avoir concédé à sa personnalité la prédominance dans la conduite des affaires sociales, tout le monde apprécie combien est lourde la responsabilité qui pèse aujourd'hui sur lui.

» Si nous sommes bien renseigné, l'honorable président de la Compagnie, arrivé à ce point de la carrière où l'homme s'arrête un instant pour mesurer la distance qu'il a parcourue et celle qui lui reste à parcourir, comprenant que l'enthousiasme ne suffira pas pour le soutenir jusqu'au bout, et qu'il faudra bientôt faire appel à des forces matérielles plus actives, aurait résolu de déchirer les voiles qui ont su couvrir jusqu'ici les erreurs et les fautes commises, les mécomptes éprouvés, les sacrifices faits; il se proposerait de demander à l'assemblée un bill d'indemnité pour ce passé, en s'appuyant sur les obstacles qui lui ont été suscités et sur la raison, plausible assurément, de l'inconnu qui planait sur l'entreprise. En même temps, M. de Lesseps offrirait aux actionnaires le moyen de vérifier, par une enquête rigoureuse, l'exactitude de la situation telle qu'il entend la présenter; il leur demanderait de créer de nouveaux moyens financiers, un nouveau capital, en émettant des obligations; il s'adjoindrait quelques collègues, choisis dans les grandes individualités du monde industriel et financier, avec lesquels il partagerait désormais la direction des affaires de la Compagnie.

» Nous désirons vivement que les choses se passent ainsi, convaincus que la franchise de ces explications consolidera la Société, en lui permettant de sortir des équivoques et de prendre opportunément de bonnes mesures.

» Si telle est la pensée de M. de Lesseps, nous le félicitons de cette sage résolution, qui lui fournira, mieux que toute autre combinaison, le moyen de sortir de l'impasse où il est engagé et où la Société est engagée avec lui. Et, pour ne laisser aucun doute sur la manière dont nous apprécions la nouvelle phase, nous n'hésiterons pas à signaler, dans nos prochains numéros, les questions sur lesquelles l'honorable président de la Compagnie de Suez devrait fournir des renseignements complets et précis, pour éclairer les actionnaires et dissiper les erreurs répandues par les adversaires du canal de Suez.

» Nous indiquerons également quelques mesures qu'il nous paraît urgent de faire adopter par les actionnaires dans leur propre intérêt.

» HOHSTEIN. »

A ne juger cet article que sur les apparences, on dirait qu'il s'inspire d'un intérêt profond pour la Compagnie, d'un dévouement ancien à l'œuvre du canal maritime; et que, si des inquiétudes sont nées autour de l'œuvre même, s'il les relève, s'il les précise, ce n'est qu'à regret, dans la pensée de les dissiper, ou, dans tous les cas, en vue de l'avenir à sauvegarder. Mais, si vous voulez écarter des apparences trompeuses et aller au fond des choses, si vous voulez vous rendre compte de l'effet que cet article va nécessairement produire sur l'esprit des actionnaires, voyez quels en sont les éléments et à quels points il faut le ramener.

Des préoccupations sérieuses se font jour dans l'opinion publique sur le présent et sur l'avenir de la Compagnie. Elles sont attestées au journal par les questions pressantes que les actionnaires lui adressent. Elles ont des causes diverses : notamment le retard imposé à la réunion annuelle de l'assemblée générale et des bruits inquiétants sur l'état des travaux qu'accréditent les correspondances venues d'Égypte. Elles ne sont pas sans fondements. La situation est difficile, elle le deviendra plus encore. Il importe d'aviser, et M. de Lesseps s'en occupe : c'est là le motif du retard apporté à l'assemblée annuelle. Comment M. de Lesseps avisera-t-il? Il demandera un bill d'indemnité pour les mécomptes du passé; et, pour l'avenir, il proposera une enquête rigoureuse sur la situation : il proposera en outre une émission d'obligations et il s'associera dans la direction quelques grandes individualités industrielles et financières.

Ramené à ces termes, Messieurs, jugez quel effet va produire sur l'esprit des actionnaires un article leur annonçant que la situation est mauvaise, et qu'on ne pourra la relever qu'à l'aide d'un emprunt. Pour qu'un publiciste jette ainsi l'alarme au milieu des intérêts qu'il prétend défendre, il faut que ses mains soient pleines de preuves irrécusables sur les faits qu'il avance, et que ses appréciations puissent défier la critique la plus sévère. Et sans doute, M. Nouette-Delorme, qui a publié cet article, va rapporter à votre audience des documents témoignant des questions qui, avant le 13 août 1865, lui étaient adressées avec insistance, témoignant aussi des préoccupations sérieuses qui dès cette époque étaient nées dans l'opinion publique et particulièrement dans l'esprit des actionnaires. M. Nouette-Delorme vous produira avec le même empressement les correspondances venues d'Égypte qui présentent l'état des travaux sous un aspect peu rassurant. M. Nouette-Delorme devra vous dire enfin d'où lui sont arrivées les révélations qu'il transmet au public sur les résolutions de M. de Lesseps, dont l'une, veuillez ne point l'oublier, va jusqu'à l'émission d'un emprunt. A ces exigences bien naturelles apparemment, puisqu'elles s'adressent à la bonne foi, à la sincérité du publiciste, que répond M. Nouette-Delorme? Rien! que produit-il? Rien!

Où est alors sa bonne foi? Où est-elle encore en présence de cet autre fait? L'assemblée annuelle des actionnaires devait, en conformité des statuts, se réunir le 1er août. Le 15 juin, M. de Lesseps apprend que le choléra vient de se déclarer en Égypte. Le 19 il part pour Alexandrie. Il a compris que sa place était dans l'isthme, au milieu des travailleurs, en face du fléau. Le 8 juillet, son devoir le retient encore à Ismaïlia. Cependant, le 1er août approche. C'est alors qu'il adresse au Comité de direction la dépêche suivante :

« Le comité, le Conseil d'administration, les actionnaires comprendront que je ne peux pas songer à quitter l'isthme pour m'embarquer le 19 de ce mois. Je vous prie donc de réunir le Conseil et de lui demander de renvoyer au jeudi 5 octobre l'assemblée générale qui devait avoir lieu le 1er août. »

Et, le 20 juillet, le Conseil d'administration prend une résolution qui est immédiatement portée à la connaissance de tous par la voie des journaux :

« M. Ferdinand de Lesseps, qui avait quitté Paris le 19 juin pour se rendre en Égypte *à la première nouvelle de l'invasion du choléra*, fait connaître que la maladie tend à disparaître complétement et a perdu son caractère alarmant, mais qu'il trouve de son devoir de prolonger encore son séjour dans ce pays.

» En conséquence, sur sa demande et afin de lui permettre de présider en personne l'assemblée générale des actionnaires, le Conseil d'administration a décidé que la séance de cette assemblée, qui devait avoir lieu le 1er août, serait remise au 5 octobre prochain.

» Les cartes d'admission délivrées jusqu'à ce jour pour la séance du 1er août seront valables pour celle du 5 octobre. »

M. Nouette-Delorme a-t-il connu la note du Conseil d'administration? Il ne pourrait le nier. S'il l'a connue, comment l'article du 13 août parle-t-il, dans les termes que vous savez, du retard imposé à l'assemblée générale des actionnaires? Suspecterait-il la loyauté du Conseil d'administration? Croirait-il que le séjour de M. de Lesseps en Égypte n'est qu'un prétexte pour échapper aux embarras de la situation, et que le directeur de la Compagnie a voulu se ménager ainsi quelque répit? Qu'il dise alors ce qui l'autorise à accueillir cette supposition !

Le 24 août, Messieurs, le *Journal des Travaux publics* consacre à la Compagnie de Suez un second article ainsi conçu :

« Avant d'entrer dans l'examen des questions sur lesquelles la direction de la Compagnie devra nécessairement s'expliquer dans la prochaine assemblée générale, nous devons, par quelques mots, préciser le caractère de cette discussion.

» Plusieurs de nos confrères dans la presse financière ont reproduit l'article que nous avons publié dans notre numéro du 13 courant, et l'ont accompagné de réflexions qui tendraient, les unes, à faire supposer que nous avons été l'organe d'une communication officielle ou tout au moins officieuse; les autres, que nous sommes des ennemis déguisés de l'entreprise du canal.

» Les deux suppositions s'éloignent également de la vérité.

» Nous n'avons d'attache ni avec la Compagnie du canal maritime de Suez, ni avec les honorables personnes qui l'administrent ou la dirigent.

» Nous ne sommes donc point leur organe officiel ou officieux.

» Nous ne sommes pas davantage leur adversaire, celui de l'entreprise du canal, celui personnel de M. Ferdinand de Lesseps. Nous sommes, au contraire, parmi ses amis, mais non point de ceux qui le compromettent et qui compromettraient l'avenir de son œuvre, en accordant une admiration sans limites à tous les actes de la direction, alors même qu'il s'agit des fautes les plus fâcheuses.

» En face des situations difficiles, on doit la vérité à ses amis.

» *Le Conseiller* ne nous démentira pas, quand nous dirons que bien des entreprises et des établissements auxquels il portait un intérêt tout particulier ne seraient pas aujourd'hui dans une situation des plus graves, leurs actionnaires ne seraient pas à la veille d'être ruinés complétement, si la vérité avait été dite, en temps opportun, aux administrations de ces compagnies et à leurs clientèles.

» Serait-ce que de sages avis et des critiques sincères ne pourraient se produire sans être immédiatement considérés comme des agressions? — Nous ne le pensons pas. Nos lecteurs savent que le *Journal des Travaux publics* n'apporte jamais de passion dans sa polémique. — Ils ne s'attendent point, par conséquent, à nous voir aborder l'étude de la situation du canal maritime de Suez avec la vivacité qui a caractérisé les attaques du journal la *Finance*.

» D'ailleurs, nos intentions fussent-elles hostiles au lieu d'être amicales, ainsi que certains ont voulu le supposer, nous n'aurions pas à notre service, pour une attaque *à fond de train*, la verve mordante et féconde du directeur de *la Finance*.

» Disons-le donc pour ne pas avoir à y revenir, le but que nous nous proposons est de provoquer de franches et complètes explications entre l'administration de la Compagnie de Suez et ses actionnaires, entre M. Ferdinand de Lesseps et ce public qui lui a accordé jusqu'ici, sans limite, la confiance et l'argent qu'il a pu désirer.

» Au moment où la Compagnie va affronter cette redoutable épreuve de l'aveu d'une insuffisance de capital et de la proposition d'un emprunt, des explications nous ont paru une nécessité.

» Pour que la Société puisse juger, s'il y a convenance à créer de nouvelles ressources financières et la meilleure forme à donner aux titres nouveaux, il faut que la situation soit tout à fait éclaircie; qu'on sache ce qui reste du capital primitif; ce qui est dû sur ce capital; que l'on connaisse exactement ce qui est fait, ce qui reste à faire; ce qui a été dépensé pour la portion exécutée; ce qu'il est permis de calculer pour les dépenses ultérieures, en se basant sur les prix des derniers contrats.

» A cette condition, l'on effacera les équivoques, on rétablira la confiance ébranlée, disposée à s'évanouir, et ce crédit qui, seul, permettra d'arriver à l'achèvement d'une œuvre où sont engagés la bonne renommée du corps des ponts et chaussées de France, l'amour-propre de la nation, les espérances du monde commercial et la fortune de tant de petits capitalistes qui se sont confiés à la parole de M. Ferdinand de Lesseps, sur les assurances données par la presse libérale d'Europe.

» Il fut un temps où l'on pouvait expliquer et justifier les expositions présentées dans un langag imagé, ardent et propre aux effets sur les masses.

» C'était l'époque où il s'agissait de rendre populaire une entreprise plus capable de s'imposer aux entraînements de l'amour-propre national qu'aux sceptiques calculs du monde financier. M. de Lesseps était organisé pour remplir mieux que tout autre la spécialité oratoire qu'exigeait ce côté de l'entreprise.

» Mais, aujourd'hui, les convictions sont faites, la foi existe dans la possibilité d'établir une communication entre les deux mers ; les hostilités du gouvernement anglais, battues par l'unanimité de l'opinion, sont réduites aux mesquines taquineries d'une rancune qui ne veut pas avouer sa défaite.

» L'opération est donc aux prises désormais avec les seules difficultés qui lui sont intrinsèques, et elle est soutenue par l'ardente volonté de tous ceux qui y sont engagés. C'est donc ici, ou jamais, le cas de s'attaquer corps à corps avec les obstacles, pour les vaincre, et, avant tout, de les connaître.

» Nous croyons dangereux d'entretenir des illusions. Nous en trouvons la preuve dans l'impression qu'a produite la toute récente publication d'une dépêche de la Compagnie. Il s'agit de cet avis communiqué aux journaux de Paris et reproduit par ceux de la province, au sujet d'un chargement de houille qui aurait traversé la Méditerranée à la mer Rouge, en empruntant la rigole maritime de Port-Saïd à Ismaïlia, et le canal d'eau douce d'Ismaïlia à Suez. Nous avons sous les yeux des feuilles de nos départements à qui cette nouvelle a inspiré des articles enthousiastes jusqu'au lyrisme, capables de faire croire que le canal est un fait accompli.

» Il est pourtant notoire que la rigole maritime est le plus souvent sans eau ; que si quelques barques parviennent à y naviguer à travers les flots de boue du lac Mensaleh, c'est avec les plus grands efforts, et qu'enfin le canal d'eau douce n'offre un moyen de transit que, par intervalle, à des barques d'un léger tonnage, lorsqu'on a pu accumuler derrière les écluses le volume d'eau nécessaire pour cette navigation artificielle.

» Combien nous préférerions, à ces moyens éphémères d'entretenir la confiance, un exposé sobre mais positif, comme ceux qui sont livrés à la publicité par les administrations de nos grandes Compagnies de chemins de fer ; un de ces documents où chacun voit clair la situation des travaux exécutés et de ceux en cours d'exécution ; les recettes et les dépenses de tous les services classées et spécifiées dans un ordre méthodique ; l'indication, à l'avance, de ce que coûtera chaque section, et le jour où elle sera livrée à l'exploitation.

» C'est quelque chose dans ce style que nous attendons de la direction du canal de Suez dans la prochaine assemblée générale, et nous nous proposons d'en signaler les éléments dans de prochains articles.

» Hohstein. »

Messieurs, vous aurez assurément remarqué la forme hypocrite et cauteleuse de l'article du 13 août ; et il ne vous a point échappé comment les accusations les plus graves, les insinuations les plus dangereuses s'y glissaient à l'ombre de protestations répétées d'inté-

rêt et d'amitié. Combien cette remarque s'applique avec plus de vérité encore à l'article du 24 ! Vous l'entendez, rien ne désarme la franchise dévouée du journal, ni les suppositions perfides des confrères, ni le péril d'une véracité qui éveille d'injurieux soupçons. Et, veuillez bien ne point l'oublier — encore une fois, c'est aux actionnaires que tout cela s'adresse. C'est pour les actionnaires que ce champion courageux brave ainsi le danger de la polémique. C'est aux actionnaires qu'il répète, en dépit de toutes les contradictions, ce qu'il leur a dit le 13 août, à savoir que la situation est compromise, et que M. de Lesseps travaille à la consolider, notamment par une émission d'obligations, qui n'est autre chose qu'un emprunt.

Cependant, le Conseil d'administration de la Compagnie s'est ému à l'apparition de l'article du 13 août. Il ne lui était pas permis de laisser une pareille attaque passer sans protestation. Les allégations de Nouette-Delorme avaient fait leur chemin, et le journal *le Temps* avait parlé à son tour de l'emprunt que la Compagnie allait émettre. Une note est immédiatement rédigée par le Conseil, et, le 22 août, elle est insérée dans *le Temps* :

« Le bilan de la Compagnie au 30 juin dernier atteste qu'elle avait à sa disposition un capital net de *cent soixante-dix millions*, ainsi qu'il en sera justifié à l'assemblée générale convoquée pour le 5 octobre prochain.

» Avec de telles ressources entre les mains, *il est évident que la Compagnie n'a pu penser à aucun des projets qui lui sont si gratuitement prêtés*.

» Ces faits étant la meilleure réfutation des erreurs que *le Temps* a contribué à répandre, le rédacteur de ce journal est prié de publier cette courte note dans son prochain numéro. »

Sans nul doute, cette note parvient de suite à la connaissance de M. Nouette-Delorme. Comment expliquer que son article du 24 août n'en fasse aucune mention ? Voyons ! Vous êtes un publiciste loyal, un polémiste honnête. J'admets que les protestations du Conseil ne vous aient pas convaincu ; du moins faites-les connaître ; placez sous les yeux du public, que vous prétendez éclairer, toutes les pièces du procès ; ne condamnez pas la Compagnie sans l'entendre, sauf à réfuter ses arguments et à repousser ses justifications. M. Nouette-Delorme a bien compris quel jour son silence en cette occasion pouvait jeter sur ses procédés de discussion. Aussi, le 7 septembre, écrit-il dans son journal, en parlant de la note du 22 août :

« Cette note, il nous est reproché de ne l'avoir pas mentionnée dans notre deuxième article du 24 août,

» Il est bien vrai que *nous n'avons tenu aucun compte de ce communiqué inséré dans le Temps et répété par quelques autres feuilles politiques. Si nous avons agi de la sorte à l'égard de la note en question, c'est qu'elle ne portait aucune signature, c'est aussi parce qu'elle ne nous a pas été adressée à nous-mêmes; c'est enfin parce que nous l'avons considérée comme une mystification faite à nos confrères, ou comme l'œuvre de quelque employé irresponsable attaché à l'isthme de Suez.*

Messieurs, la bonne foi de cette explication vaut la bonne foi de l'acte qu'elle prétend justifier, et la loyauté des articles que j'ai mis sous vos yeux. Est-il maintenant douteux pour vous qu'une campagne est ouverte contre la Compagnie de Suez par un homme à qui tous les moyens sont bons, et de qui l'on peut tout attendre et tout redouter?

La campagne se poursuit pendant tout le mois de septembre sur les mêmes errements. Le 1er septembre, le comité de direction répond aux articles du 13 et du 24 août, par une note rectificative qui est insérée dans le journal *l'Isthme de Suez*. La publication de cette note est, pour le *Journal des Travaux publics*, un prétexte à de nouvelles attaques non moins déloyales que les précédentes. L'entrepreneur général des travaux, M. Hardon, a été contraint de résilier son marché par les *tracasseries puériles* et les *exigences jalouses* du personnel de la Compagnie. Les fouilles opérées par M. Aiton, à l'aide d'appareils dragueurs, n'ont donné aucun résultat, malgré des dépenses considérables et un travail de plusieurs mois. Les banquettes établies à travers le lac Menzaleh, pour l'ouverture de la rigole maritime servant de canal provisoire, n'offrent aucune résistance; elles s'affaissent et s'effondrent, entraînant dans leur chute les ouvrages qu'elles supportent. Enfin, Messieurs, veuillez retenir ce dernier point, dont vous comprendrez toute l'importance à son seul énoncé; je lis dans un article du 5 octobre :

« S'il est vrai que la Compagnie du canal de Suez ait refusé la proposition d'une grande institution de crédit, *offrant de garantir sa souscription moyennant deux millions et demi*, ainsi qu'on l'a maintes fois répété, en repoussant ces offres, la direction, nous n'oserions pas le nier, aurait commis une grosse faute que les *frais de son émission directe* et le résultat de la souscription s'accorderaient à condamner. »

J'aurais assurément le droit de demander à M. Nouette-Delorme la justification de ses allégations, si bien faites, la dernière surtout, pour jeter l'alarme parmi les actionnaires, au moment même où l'assemblée générale va se réunir ; et, si j'en juge par le silence qu'il a prudemment gardé devant vous, M. Nouette-Delorme serait fort embarrassé d'apporter cette justification. Mais vous avez lu les articles, et j'ai hâte d'arriver au 8 octobre.

Le 5 octobre, l'assemblée générale des actionnaires se réunit. M. de Lesseps expose la situation. Diverses questions lui sont posées, notamment sur l'époque à laquelle le dernier versement du montant des actions sera exigé. Il y répond, et apparemment que ses réponses, aussi bien que son rapport, satisfont l'assemblée, car les résolutions qu'il propose sont accueillies par un vote unanime, par un véritable vote de confiance. Je n'ai pas besoin d'ajouter qu'aucune des prévisions imaginées et obstinément maintenues par le *Journal des Travaux publics* ne se réalise, et que rien, au cours de la réunion, ne se produit qui permette de penser qu'elles aient jamais pu avoir aucun fondement sérieux. Le 8 octobre, la feuille de M. Nouette-Delorme rend compte de l'assemblée du 5. Jusqu'ici les articles avaient paru sous la signature d'un M. Hohstein. Un nouveau rédacteur entre en scène, M. de Chabaud.

« *L'assemblée générale du 5 octobre 1865.*

» Cette assemblée, qui devait avoir lieu le 1er août et qui fut retardée par les circonstances dont nous avons rendu compte, s'est réunie le 5 de ce mois, dans la salle du Cirque des Champs-Élysées.

» Elle avait pour les assistants un attrait inusité, en raison de l'importance des communications qui devaient être faites et qui embrassaient l'ensemble des mesures adoptées par le Conseil d'administration, pour l'organisation du nouveau régime sous lequel se trouve placée l'exécution des travaux, par suite du retrait des ouvriers autrefois fournis par le gouvernement du vice-roi.

» Pour nous, personnellement, les communications dont il s'agit avaient un intérêt tout particulier. Il s'agissait, en effet, de savoir si elles condamneraient ou justifieraient le fond et les faits principaux de l'étude que le *Journal des Travaux publics* a publiée tout récemment sur le canal maritime de Suez.

» Nous insérons *in extenso* le rapport qui a été lu aux actionnaires ; nous y puiserons incessamment les preuves abondantes qu'il renferme de l'exactitude des renseignements sur lesquels nous nous sommes appuyé. Aujourd'hui, nous nous bornerons à quelques observations.

» La première portera sur la composition même de l'assemblée, à laquelle assistaient autant, si ce n'est plus, de curieux et d'invités qu'il n'y avait d'actionnaires délibérants. Cet abus d'introduire dans une assemblée des approbateurs qui viennent applaudir aux actes d'une gestion à laquelle ils ne sont liés par aucun intérêt, n'est usité dans aucune autre Compagnie, et il ne paraît pas qu'il doive être imité.

» Par contre, l'administration de la Compagnie de Suez fera bien de se conformer à l'usage qui prévaut généralement en Belgique, et qui a été importé récemment en France, avec l'approbation universelle des actionnaires ; nous voulons dire la distribution du rapport dix ou quinze jours avant la réunion de l'assemblée.

» La demande en a été faite par un actionnaire, dans la réunion du 5 octobre, lorsque le président a ouvert la discussion sur le rapport qui venait d'être lu.

» Il est bien démontré, par la pratique, que ces sortes de discussions, qui seraient d'une grande utilité, si les actionnaires pouvaient connaître, analyser et approfondir les documents avant de venir à la séance, demeurent au contraire stériles et même puériles.

« L'obligation, pour les administrateurs de Compagnies, de faire distribuer leurs rapports quelques jours avant l'assemblée, est une réforme qui fait son chemin dans l'esprit du public, et qui sera inévitablement adoptée par toutes les Sociétés un peu soucieuses de leur crédit et jalouses de la confiance de leurs actionnaires.

» M. de Lesseps, interpellé sur ce point, a répondu que le rapport n'avait pu être distribué aux actionnaires dix jours avant la séance, ainsi qu'il était demandé, vu que c'était seulement la veille de la réunion qu'il en avait donné connaissance à ses collègues du Conseil.

» Que disait donc M. le secrétaire général dans la note qu'il a publiée le 1er septembre, lorsqu'il affirmait que tout était prêt dès le 30 juin pour soumettre le compte rendu de la situation à l'assemblée générale du 1er août?

» Ce journal n'était-il pas, au contraire, dans le vrai lorsqu'il affirmait que M. de Lesseps utiliserait le retard de la réunion, pour préparer des communications plus complètes et plus intéressantes, puisque la veille encore il y travaillait? Nous n'avons jamais douté un seul jour que M. le président de la Compagnie donnerait raison au *Journal des Travaux publics* contre le secrétaire de la Société du canal de Suez.

» Mais ce n'est pas la seule satisfaction que nous ayons éprouvée à l'audition et à la lecture de l'exposition présentée par M. de Lesseps. Elle confirme, mot à mot, tout ce qui a été écrit dans le *Journal des Travaux publics* sur la situation des ouvrages, et elle laisse deviner toute l'incertitude qui pèse sur leur achèvement, dans les limites de temps et de dépenses qu'on s'était flatté de ne point dépasser. La relation confirme également tout ce qui a été dit des résiliations d'entreprises, ainsi que des indemnités accordées aux constructeurs. Et ici il nous est impossible de ne pas signaler la simplicité avec laquelle M. de Lesseps s'est attaché à justifier l'indemnité de retraite consentie en faveur de M. Aiton.

» Après avoir constaté que cet entrepreneur travaillait avec les ressources que la Compagnie lui avaient fournies ; que les crédits sur lesquels il avait compté en Angleterre lui avaient fait défaut ; qu'il en était au point de ne pouvoir plus payer ni fournisseurs de matériel, ni ouvriers ; qu'il n'avait pas exécuté le cube exigé trimestriellement ; qu'il avait, enfin, suspendu toute espèce de travaux, le rapport ajoute :

« Cependant, M. Aiton était détenteur de notre matériel ; la Compagnie ne pouvait se substituer à lui qu'après en avoir repris possession. C'est dans ces conditions qu'elle dut transiger pour ne point subir les retards d'un procès, quoique l'issue de ce procès ne pût pas être douteuse. Une demande d'indemnité formulée par M. Aiton fut jugée exorbitante par votre président, qui offrit comme dernière transaction une somme de 200,000 francs. Cette offre fut finalement acceptée, et la Compagnie rentra en possession de son matériel et de ses chantiers. »

» Ainsi donc, il suffirait, en vertu de ce précédent, que les entrepreneurs occupant aujourd'hui tous les chantiers du canal et tout le matériel de la Compagnie, — un matériel gigantesque, — suspendissent arbitrairement l'exécution de leurs contrats ; qu'ils fissent à la Compagnie la menace d'un procès, en détenant son matériel, pour que l'administration s'empressât de résilier les engagements et de leur accorder des indemnités à leur convenance.

» Si quelques-uns d'entre eux assistaient à la séance du 5 octobre, ils ont dû éprouver une secrète joie en entendant cette révélation, sortie de la bouche même du président de la Société.

» M. de Lesseps est généralement bien inspiré dans la rédaction des pièces destinées à la publicité ; mais il n'a pas été heureux dans la dernière assemblée, lorsqu'il a dû répondre improvisément à des interpellations. — Nous avons entendu dire autour de nous que les réunions précédentes avaient eu un caractère beaucoup plus accentué de chaleureux entraînements ; on sentait naître un froid entre le public et la direction. Néanmoins, le président a su trouver encore des paroles heureuses, qui ont provoqué les applaudissements de la brillante galerie où l'administration avait accueilli les dames aux toilettes les plus élégantes, les représentants de la presse, les amis particuliers des membres du Conseil, et dans laquelle aussi avaient pris place quelques habitants du désert, qui se distinguaient à leur costume oriental et à leur teint cuivré.

» L'appel du dernier cinquième n'ayant pas été énoncé dans le rapport, autrement que pour le mentionner comme une des ressources actives à la disposition de la Compagnie, un actionnaire a pris la parole pour demander s'il aurait lieu durant l'exercice courant. Un autre a rappelé que l'on avait, en temps, fait espérer aux actionnaires que ce versement ne serait pas nécessaire. M. le président a répondu que cette promesse se référait à une époque meilleure pour la Société, que les événements survenus et les changements apportés dans le mode d'exécution des travaux rendraient l'appel inévitable. Mais, sans se prononcer sur l'époque où il aura lieu, M. de Lesseps a déclaré que ce ne serait pas dans le courant de cette année ; ce qui a laissé penser que le versement serait demandé dès les premiers mois de l'année prochaine. Inutile de dire que l'impression a été désagréable pour le plus grand nombre. Mais que faut-il penser de cette proposition de l'honorable président : qu'à son avis, il convenait, dans tous les cas, de faire verser le dernier cinquième pour rendre les actions plus facilement négociables!

» Du moins, avons-nous la satisfaction de féliciter M. le président de la Compagnie d'avoir dégagé enfin le caractère commercial et industriel de la Société des nuages de l'atmosphère politique où il se perdait jusqu'ici? Nous ne savons pas si la situation vis-à-vis de la Sublime Porte est aussi claire que la montre M. de Lesseps, par l'effet de la sentence arbitrale. Nous croyons que si le firman n'avait plus aucune importance, la Porte ne s'obstinerait pas à le retenir, et à jouer ainsi, sans utilité et sans fâcheuse arrière-pensée, un jeu qui blesse tant de susceptibilités chez une nation amie, dont la puissance s'est manifestée si souverainement pour sa protection.

» En résumé, le rapport présenté à l'assemblée générale laisse les choses dans la situation où la savaient les gens un peu initiés à la marche de l'entreprise. La campagne de 1864-1865 n'a rien résolu; c'est en 1866 seulement qu'on pourra se rendre compte de l'efficacité du système et des moyens conçus et mis en œuvre par la direction.

» E.-P. DE CHABAUD. »

Messieurs, deux choses me frappent et vous auront également frappés, dans cet article : la persistance avec laquelle le journal maintient des imputations et des insinuations que tout dément; le soin qu'il prend de dissimuler à ses lecteurs le vote unanime qui a clos l'assemblée générale. Dire que la réunion de cette assemblée a été retardée par les circonstances dont le journal a rendu compte dans ses précédents articles; — ajouter que le rapport de M. de Lesseps fournit la confirmation des griefs ou des bruits que le journal a mis en avant, et maintenus en dépit de toutes les protestations et de toutes les rectifications, — c'est, de la part de M. de Chabaud, montrer plus que de l'assurance. Mais alléguer que les actionnaires ont été défavorablement impressionnés par l'annonce d'une échéance prochaine pour le dernier versement, et citer en même temps les résultats du vote qui a suivi le rapport du président, c'est manquer une fois de plus aux exigences élémentaires d'une polémique honnête et loyale. Ne l'oubliez point, c'est pour le public et pour les actionnaires absents que cet article est écrit. C'est le public, ce sont les actionnaires absents qu'il prétend éclairer. Depuis deux mois, la lutte est ouverte contre la Compagnie, dans l'intérêt apparent des actionnaires. La Compagnie a répondu. Le procès est pendant. Qui donc a compétence souveraine pour le vider? Qui donc est le meilleur juge du débat? Apparemment, les intéressés eux-mêmes. C'est le jugement par ses pairs. Les intéressés se prononcent; ils donnent gain de cause à la direction et à l'administration de la Société, et leur décision est prise à l'unanimité des votants. Que M. de Chabaud en appelle des actionnaires aux actionnaires mieux informés; qu'il incrimine leurs illusions, leur confiance aveugle, leurs entraînements irréfléchis; qu'il accuse la précipitation de leur jugement. Soit! Je veux que ce soit là son droit. Mais du moins qu'il ne dissimule pas l'existence, la portée, la signification du vote qui est venu si énergiquement répondre aux attaques dirigées contre la Compagnie. Cette dissimulation, l'esprit d'hostilité systématique dont son article est trop manifestement empreint, montrent assez quel parti pris, quelle déloyauté, entachent ses appréciations et sa polémique. Ajouterai-je que, quand j'entends parler de l'impression défavorable que l'assemblée aurait ressentie à l'annonce d'un prochain appel de fonds, je suis tenté de lui demander s'il était présent à la réunion, ou si M. Nouette-Delorme l'y remplaçait? Il lui serait peut-être bien difficile, aussi bien qu'à M. Nouette-Delorme, de répondre d'une façon satisfaisante à cette question. Mais je ne veux pas anticiper, et j'aborde l'article du 19 novembre.

Cet article, Messieurs, est un véritable manifeste. Il est signé de M. Nouette-Delorme en personne. Le but poursuivi par le *Journal des Travaux publics* va s'y montrer sans aucun voile. Jusqu'ici, les manœuvres sont demeurées dans le domaine de l'agitation. Nous allons toucher à la période de l'action.

« Tout lecteur qui a suivi avec attention les développements dans lesquels nous avons été conduit à nous engager, afin de rendre un peu complète notre étude sur la situation et l'avenir de l'entreprise du canal de Suez, est arrivé forcément à reconnaître la nécessité qu'il y a d'adopter sans retard des déterminations énergiques et radicales, si l'on veut assurer l'achèvement de cette entreprise dans des conditions de temps et d'argent offrant quelque sécurité.

» Les faits que nous avions avancés, la situation des travaux que nous avions décrite, sont justifiés amplement par le rapport qui a été lu à l'assemblée générale et par les relations des délégués du commerce, si incomplètes et si timides qu'elles soient pour la plupart; les résolutions que nous avions attribuées à la direction ont seules fait défaut, parce que nous avions eu d'elle une opinion trop favorable.

» Depuis deux ans, en effet, on avait prêté à M. Ferdinand de Lesseps l'intention de quitter la direction active de l'opération, et l'on disait aussi qu'une partie du Conseil d'administration le suivrait dans sa retraite. Nous-même, en acceptant des renseignements qu'il y avait lieu de croire exacts, nous nous étions fait l'écho de ces dires. Il nous avait été affirmé que la réalisation de ces projets serait officiellement annoncée à l'assemblée générale du 5 octobre. — Nous y avions ajouté foi; nous en avions fait part aux lecteurs du *Journal des Travaux publics*, dans la persuasion où nous étions que le moment était bien choisi pour exécuter une telle résolution, dont les nécessités inhérentes à l'état des choses, nous semblaient faire un devoir au président de la Société et à ses collègues.

» Nous avions donc applaudi franchement à la détermination du fondateur de la Compagnie, consistant à reconnaître devant l'autorité des faits, son incompétence pour mener l'entreprise à sa définitive réalisation. Nous regrettions seulement que M. de Lesseps eût trop tardé à s'y décider; mais, cependant, nous engagions tout le monde à lui savoir gré de s'être enfin rendu à cette vérité : qu'aussitôt les premiers coups de pioche donnés dans l'isthme, sa mission avait été achevée. N'est-il pas évident, en effet, qu'à dater de ce moment, un tâcheron expérimenté aurait été plus compétent pour mener à bonne fin l'exécution du canal que tous tes les sommités réunies du corps diplomatique du monde entier?

» Mais l'entourage de M. de Lesseps s'émut, l'on s'en souvient, à la seule pensée des changements qui auraient été la conséquence de sa retraite, et tandis que le président était encore en Egypte, l'organe officiel de la Compagnie, préjugeant la conduite qu'il aurait à tenir, nia formellement les bonnes intentions qu'on lui avait supposées.

» L'assemblée générale du 5 octobre vint, à son tour, fixer l'opinion en levant tous les doutes qui avaient existé. Jamais, en effet, M. de Lesseps ne se montra plus satisfait de lui-même et des résultats qu'il avait acquis ; jamais il n'étala plus de confiance dans son aptitude et ses moyens ; jamais, enfin, il ne prouva plus fâcheusement combien il est aveuglé sur le sort des promesses qu'il sème sous ses pas, en tous lieux et à tous propos.

» Quant à nous, en sortant de l'assemblée générale du 5 octobre, nous ne pouvions plus conserver la moindre illusion. — Dès ce jour, désespérant de la gestion de M. de Lesseps, mais toujours fidèle à la cause du canal de Suez, nous nous sommes fait un devoir de justifier notre attitude. Il nous est permis d'ajouter que, chaque jour, des adhésions nouvelles nous donnent la preuve des sympathies que nous avons gagnées par l'indépendance et la fermeté de notre discussion. »

Voilà pour le passé ! Il est compromis de la façon la plus grave, mais on peut encore sauvegarder l'avenir, ce sont les intéressés eux-mêmes qui veulent prendre ce soin. M. Nouette-Delorme leur laisse la parole, et, arrivant aux conclusions pratiques, écoutez, Messieurs, les résolutions qu'il leur prête :

« Après ce que nous venons d'exprimer, voici les déterminations que nous suggérons à nos coïntéressés :

» 1° Qu'à la prochaine assemblée générale la démission, en masse, de l'administration actuelle soit demandée, préalablement à toute discussion, et que les actionnaires, après avoir composé un bureau provisoire, procèdent à l'élection d'une nouvelle administration.

» A cet effet, une ou plusieurs réunions préparatoires devront être tenues pour arrêter l'ordre du jour de l'assemblée et se concerter sur les meilleurs choix à faire.

» 2° Que le versement du dernier cinquième, s'il est appelé, au commencement de l'année 1866, comme on l'a donné à entendre le 5 octobre, soit refusé par les actionnaires, sans craindre que la direction fasse vendre les titres. On ne vend pas 400,000 actions, et les Compagnies qui ont exécuté leurs actionnaires sont forcément arrivées à la faillite.

» 3° Pour qu'aucun doute n'existe, désormais, sur la situation réelle de l'entreprise et sur son avenir, nous proposons, comme mesure indispensable, d'envoyer dans l'isthme une députation composée d'hommes spéciaux, d'une capacité, d'une intégrité, d'un dévouement et d'une énergie notoires. Ils seront chargés de reconnaître l'état des travaux faits, ainsi que le fort et l

faible des moyens employés pour les continuer; d'étudier les éventualités de toute nature que comporte l'entreprise, et d'en faire un rapport complet, détaillé, et sans rien dissimuler.

» Tel est le langage que nous tiennent les coïntéressés avec lesquels nous nous sommes trouvés mis en relation, par suite de la publication des articles qui ont paru dans le *Journal des Travaux publics*, sur la question de Suez; telles sont les idées dont ils veulent que nous soyons l'organe.

» La pensée d'envoyer une Commission dans l'isthme nous était venue comme à eux ; mais nous n'avions pas osé la proposer, sentant combien la seule énonciation du projet soulèverait de récriminations et d'indignation dans l'entourage et chez les fanatiques admirateurs du président de la Compagnie. — Mais, aujourd'hui que la nécessité d'une pareille mesure est exprimée formellement et spontanément par les intéressés eux-mêmes, nous nous rallions à ceux qui la provoquent, et nous désirons qu'il y soit donné suite très-incessamment. Un premier fonds est déjà formé pour cet objet. Les actionnaires, qui tiennent à la réalisation de leur projet, s'occupent d'augmenter l'importance de ce fonds, et, dès qu'il sera suffisant, la mesure recevra son exécution. »

En présence de pareilles conclusions, la justice a le droit de dire à M. Nouette-Delorme : Où sont les actionnaires dont vous vous êtes fait l'organe? Où est le mandat qu'ils vous ont conféré de parler ainsi en leur nom ? Où est la preuve de leurs délibérations et de leurs résolutions ? Où est l'acte par lequel ils ont constitué le fonds commun destiné à soutenir la résistance? C'est un devoir pour vous de répondre à ces questions, c'est plus qu'un devoir, c'est une nécessité urgente de votre situation. Après ce que le tribunal sait de vos procédés et de vos manœuvres, il peut tout suspecter de vos paroles et de vos écrits. Comment répond M. Nouette-Delorme, vous le savez déjà, Messieurs. Ici encore il se tait. Il se tait, quand sa sincérité, sa loyauté, son honnêteté, sont engagées à la réponse qu'on lui demande. Il se tait, quand son silence va le juger et le condamner avec plus de sévérité que je n'en voudrais mettre moi-même dans mes paroles. J'ajoute une dernière question.

« Quant à nous, dit M. Nouette-Delorme, *en sortant* » *de l'assemblée générale du 5 octobre*, nous ne pou-» vions plus conserver aucune illusion. » M. Nouette-Delorme assistait-il bien à l'assemblée générale du 5 octobre ? Je vais plus loin. S'il n'y assistait pas, M. de Chabaud y assistait-il pour lui ? On a vainement cherché, sur les listes d'actionnaires dressés pour les assemblées générales ; à aucune époque, et particulièrement pour l'assemblée du 5 octobre, on n'y a trouvé le nom de M. Nouette-Delorme, ni celui de M. de Chabaud.

Je pourrais m'arrêter ici, Messieurs. La cause est jugée en ce qui concerne le *Journal des Travaux pu-*

blics, et, ramenant le débat aux principes qui le dominent, je demande où sont, dans les articles que vous venez d'entendre, la bonne foi, la sincérité, la loyauté, sans lesquelles je ne connais ni polémique digne de ce nom, ni publicité digne de ce titre. Partout, au contraire, une hostilité systématique, qui se cache d'abord sous le voile menteur de l'amitié, pour lever ensuite audacieusement le masque; — un parti pris de dénigrement qui ne respecte ni la vérité des faits, ni l'honorabilité des personnes; — l'oubli enfin le plus manifeste et le plus volontaire de tous les devoirs qui incombent à la presse financière.

Je pourrais encore m'arrêter ici. Et vainement on voudrait entraîner le débat sur un terrain où vous auriez à juger de la situation générale de la Compagnie de Suez, de l'état de ses travaux, de ses ressources, de ses espérances, ou, pour parler comme le *Journal des Travaux publics*, des mécomptes de son passé et des illusions de son avenir. Je veux un instant, et par pure hypothèse, supposer les erreurs, les mécomptes, les illusions que M. de Chabaud s'est efforcé de mettre en relief devant vous. En quoi et par où ces illusions, ces mécomptes, ces erreurs pourraient-ils excuser ou autoriser les excès de langage, les incriminations gratuites, les accusations hostiles, les procédés déloyaux, qui ne sont que trop établis au procès? L'impartialité est le premier devoir du publiciste qui approuve. Elle est un devoir plus étroit encore pour le publiciste qui critique et qui attaque. Que dirai-je du publiciste qui, après avoir attaqué par la plume, attaque par des actes et par des manœuvres? Mais, avant d'aborder cette nouvelle face du débat, qui met dans tout leur jour et la campagne entreprise contre la Compagnie et le dommage subi par celle-ci, permettez-moi d'ajouter un dernier trait au tableau.

Des huit articles insérés dans le *Journal des Travaux publics*, du 13 août au 19 novembre, cinq portent la signature de M. Hohstein. Ils ne sont point son œuvre. C'est un point désormais constant et reconnu de tous. C'est là déjà un fait fâcheux. Mais, dit-on, il est le secrétaire de la rédaction, et chaque jour les journaux les plus autorisés publient, sous le couvert d'une signature qui ne trompe personne, des articles dont la gérance du journal assume la responsabilité. Soit! Il fallait au moins avertir le public, en faisant précéder le nom de M. Hohstein d'une qualification qui ne laissât place à aucune équivoque. Ce n'est point, en effet, une circonstance indifférente en pareille matière, que le nom de l'homme qui se fait l'organe d'accusations violentes contre une entreprise industrielle ou commerciale, quelle qu'elle soit. Il importe que les intéressés sachent quel est cet homme, quelle est sa compétence

dans les questions qu'il traite, quelle est sa position dans la presse, quelle confiance il peut inspirer, et quelle valeur morale ses appréciations doivent emprunter à son caractère personnel. Cela importe en même temps, et à un bien plus haut degré, à la Compagnie incriminée. Elle a le droit de regarder ses adversaires en face, et la loyauté d'une polémique honnête ne comporte ni masques ni déguisements. Ici, non-seulement on célait à tous que l'auteur des articles n'était pas M. Hohstein; on poussait l'abus jusqu'à insérer dans le journal du 5 octobre, la note suivante, où presque chaque mot est écrit au mépris de la vérité.

« *L'un des rédacteurs du* Journal des Travaux publics, *M. Hohstein, tenu depuis quelques jours éloigné du journal par des affaires d'intérêt privé et devant quitter Paris définitivement, vient d'écrire à la direction* pour prendre congé de ses collègues.

» Nous publions, dans le numéro de ce jour, la dernière partie de *la brillante et sérieuse étude* sur le percement de l'isthme de Suez, due à la plume de notre *honorable* collaborateur. En même temps, nous avons la satisfaction d'annoncer à nos lecteurs que cet important travail sera repris et continué, après l'assemblée générale, *par un autre écrivain parfaitement éclairé sur la question* et bien résolu à le traiter sans passion ni faiblesse. »

Cette note n'a pas besoin de commentaires, et le tribunal sait de reste ce que le journal de M. Nouette-Delorme appelle traiter une question *sans passion ni faiblesse.*

Messieurs, le *Journal des Travaux publics* ne pouvait mener seul à bonne fin la campagne entreprise par lui contre la Compagnie de Suez. Il a soin de répéter en plusieurs endroits qu'il n'est point un journal de Bourse, et que les actions de Suez ne sont point des valeurs de spéculation. Il lui faut des auxiliaires qui, tout en lui laissant le soin d'attaquer plus spécialement la conduite générale de l'entreprise, donnent à ses attaques un but plus pratique et un effet plus direct. Son premier allié est une feuille de Bourse, le *Conseiller*, *gazette des chemins de fer*, dont l'effort, en vue d'un discrédit rapide et sûr, va s'adresser presque exclusivement aux actions de la Compagnie.

Le premier acte d'hostilité du *Conseiller* se place à la date du 19 août 1865. Le 13, le journal de M. Nouette-Delorme a jeté aux actionnaires un cri d'alarme. Le 19, *le Conseiller* reproduit *partiellement* l'article du journal, en le faisant précéder de ces mots :

« Le *Journal des Travaux publics* publie, sur l'entreprise du canal de Suez, un article assez entortillé, mais qui n'en serait pas moins fort grave, si les explications qu'il contient avaient une source officielle. »

Après la reproduction de l'article, il ajoute :

« Si ces lignes ont été écrites par un ami, et non par un adversaire déguisé, il faut convenir qu'elles ressemblent beaucoup au pavé de l'ours. »

Que signifie ce commentaire? Sommes-nous en présence d'un polémiste qui s'étonne de bonne foi, ou en face d'un complice qui ménage son entrée en matière? La réponse se trouve dans le même numéro du *Conseiller*, sous la rubrique du *Bulletin de Bourse*.

« Les actions du canal de Suez sont lourdes à 427 50. On attend avec impatience la réunion de l'assemblée générale des actionnaires de cette entreprise. *Des communications, ou, pour mieux dire, des révélations importantes, doivent, dit-on, être faites aux actionnaires.* Sur quoi reposent ces on-dit? Nous l'ignorons. Tout ce que nous savons, c'est qu'au 6 août 1864, date de la précédente assemblée, il y avait encore, d'après le compte rendu présenté par le Conseil d'administration, sans compter les 250,000 mètres cubes de blocs artificiels de la jetée de Port-Saïd, 55,200,000 mètres cubes de terrassements à exécuter, dans le délai de trois ans, puisque, suivant les promesses du compte rendu, le canal de grande navigation doit être achevé vers la fin de 1867. Nous acceptons le chiffre de 55,200,000 mètres cubes. Ce qui représente un cube moyen de 184 millions mètres cubes par an, ou 15,000,000 mètres cubes par mois. Sans doute, le prochain rapport nous apprendra d'une façon positive combien, dans les douze mois qui se sont écoulés depuis le 6 août 1864, on a déblayé de mètres cubes. La question est on ne peut plus intéressante. C'est de son heureuse solution que dépend le succès de l'entreprise. Car remarquez que, si le canal n'était pas prêt à être livré à la grande navigation à la fin de 1867, et que de nouveaux retards dussent être apportés à son ouverture, une seule année de plus de travaux donnerait une perte sèche de 10 millions d'intérêt à servir aux actions sur le capital. »

Quelles sont ces communications, ou, pour mieux dire, ces révélations que l'assemblée générale doit apporter aux actionnaires? Demandez-le à l'article du *Journal des Travaux publics*, du 13 août, que le *Conseiller* vient de reproduire. Sous la forme prudente dont le *Conseiller* s'enveloppe et qu'il ne dépouillera jamais, c'est M. Nouette-Delorme qui parle. Jugez-en à la façon dont le bulletin, de même que l'article, s'inquiète de l'état des travaux, et s'en inquiète surtout au point de vue des résultats financiers.

Le 26 août, nouvel article de fond et nouveau bulletin de Bourse dans le *Conseiller*. L'article de fond contient une attaque très-vive contre la Compagnie, sous la forme d'une lettre, attribuée à un tiers, et signée de l'un des rédacteurs du journal. L'article du *Journal des Travaux publics* du 19, la note insérée par la Compagnie dans le *Temps* du 24, en fournissent l'occasion et un peu aussi les matériaux. Toujours prudent, le *Conseiller* fait encore précéder cette lettre des réserves que voici :

« Nous recevons la lettre suivante, que, malgré son étendue, nous insérons textuellement, parce que, tout en faisant nos réserves sur ce qu'elle pourrait paraître avoir d'agressif, nous la trouvons des plus instructives, non-seulement pour les actionnaires du canal de Suez, mais pour tous ceux qui seraient tentés de croire à l'infaillibilité des Compagnies. »

Puis, le même jour, il écrit au paragraphe de son bulletin de Bourse :

« La valeur des actions de Suez est en ce moment très-discutée. On les tient à 435 francs, en hausse de 7 fr. 50 c. Les capitaux engagés dans cette entreprise, à part ceux du vice-roi d'Égypte, sont exclusivement français. C'est une raison de plus pour demander que la plus complète lumière soit faite sur l'état d'avancement des travaux. Les honorables administrateurs de cette Société sont évidemment animés des meilleures intentions. L'activité, le dévouement infatigable du président, M. F. de Lesseps, sont particulièrement dignes des plus grands éloges. Il a fallu même au début, croyons-nous, toute l'ardeur et l'énergie de M. de Lesseps pour arriver aux résultats qu'il a obtenus. Aussi nos observations ne s'appliquent-elles en rien aux personnes. Mais nous avons à cœur d'être édifiés sur le coût définitif du canal et sur l'époque de son achèvement, et nous avouons que nous ne le sommes pas. *Les mécomptes du passé nous permettent de ne pas accepter avec aveuglement les promesses de l'avenir. Ce que nous voudrions, par conséquent, c'est que, dans les rapports aux actionnaires, on ne s'occupât plus du tout de politique,* et que l'on traitât désormais le percement du canal de Suez comme une affaire exclusivement industrielle et financière. C'est une œuvre longue et difficile, que personne ne saurait empêcher, mais qu'il convient d'examiner et de conduire de sang-froid, sans entraînement, disons le mot, sans enthousiasme. On ne saurait disconvenir que les avis sont très-partagés sur les dépenses et la durée de la construction du canal, j'entends du canal maritime, ouvert à la grande navigation, sur une profondeur de 8 mètres, une largeur de 58 mètres et une longueur de 150 kilomètres, de Port-Saïd à Suez. »

Est-ce qu'il ne vous semble pas entendre le *Journal des Travaux publics*, avec ses protestations d'amitié pour l'entreprise et de respect pour la personne de ceux qui la dirigent? N'est-ce pas lui qui a parlé le premier des mécomptes du passé, des promesses de l'avenir et de l'aveuglement des actionnaires?

Le 2 septembre, sa marche une fois assurée, le *Conseiller* commence à se découvrir :

« Les actions du canal de Suez sont assez tourmentées. Elles font 432 fr. 50 c. Il est certain qu'on en vend, puisqu'on les cote assez régulièrement, et qu'il existe même un découvert attesté par un déport. *Mais qui est-ce qui peut, aujourd'hui, n'y étant pas forcé, acheter des actions du canal de Suez? »

Le 9 septembre, il se démasque complétement :

« Les actions du canal maritime de Suez font 442 fr. 50 c. en hausse de 10 francs. Nous voudrions les voir à 500 francs. Alors nous dirions sans scrupule aux détenteurs de cette valeur : *Vendez, n'attendez pas le moment des déceptions, c'est-à-dire la veille de l'ouverture annoncée du grand canal. Ne vaut-il pas mieux, dans tous les cas, s'exposer à racheter un peu plus cher, si l'on s'aperçoit plus tard que la valeur est bonne, plutôt que de courir la chance, un jour, de ne pouvoir plus vendre à aucun prix ?* C'est un avis que nous croyons sage, et que nous nous permettons de donner aux pères de famille qui auraient des actions du canal de Suez en portefeuille. »

Le mot de la situation est enfin prononcé. Au fond de tous les articles du *Journal des Travaux publics*, une seule et même conclusion se rencontre : il est prudent de se défaire d'actions dont la valeur devient chaque jour plus incertaine. *Le Conseiller*, réduisant cette conclusion à son résultat pratique, dit nettement : Vendez, vendez en vue de la hausse comme en vue de la baisse, vendez à tout prix, vendez toujours !

Le 26 septembre, la solidarité qui unit *le Conseiller* au *Journal des Travaux publics* dans leurs attaques communes, se dessine avec plus d'énergie encore :

« Qu'y a-t-il de nouveau, nous demande-t-on, dans la situation de la Compagnie de Suez ? Que prépare-t-on ? Nous l'apprendrons sans doute à l'assemblée générale, qui est proche, puisqu'elle a lieu le 5 octobre. En attendant, nous écrivions dans un de nos derniers bulletins que le rapport présenté à cette réunion ferait sans doute connaître l'état d'avancement des travaux dans l'isthme, depuis la précédente assemblée. Nous espérons toujours que ce rapport nous édifiera à ce sujet, car nous entendons dire tout haut que l'un des entrepreneurs chargés du curage du lac Menzaleh a abandonné la partie. On assure qu'après le fonctionnement de divers appareils dragueurs pendant plusieurs mois, lorsqu'il s'est agi de régler avec l'entrepreneur, il a été reconnu que la fouille se trouvait moins avancée que le jour où celui-ci avait pris possession du chantier, et cela à cause de la grande fluidité du sol dans certaines parties du lac Menzaleh. D'un autre côté, les entrepreneurs chargés des travaux du lot situé entre le seuil d'El-Guisr et la mer Rouge, et comprenant 24,500,000 mètres cubes, n'auraient encore, pour ainsi dire, rien fait en dehors de quelques préparatifs, leur matériel rendu à Port-Saïd n'ayant pu être transporté sur les lieux, faute de communication entre la rigole maritime et le canal d'eau douce. Espérons que le prochain compte rendu nous donnera des renseignements plus satisfaisants. »

J'en appelle à vos souvenirs, Messieurs, vous avez lu déjà toutes ces choses dans le *Journal des Travaux publics*. Vous y avez lu aussi ce qui va suivre. Le 23 septembre, *le Conseiller* reprend :

« Les actions du canal de Suez ont rétrogradé de 445 francs à 443 fr. 75 c. Nous avons le sérieux désir de voir cette grande entreprise menée à bonne fin, comme nous souhaitons de grand cœur que mainte affaire, qu'il nous arrive de critiquer le plus, ait une heureuse issue, pour le bien de ceux-là qui y ont des intérêts engagés. Aussi nous ne comprendrions pas que l'on nous regardât comme hostiles au percement de l'isthme de Suez, parce que nous en constatons les difficultés et les dépenses. Est-ce que nous sommes hostiles aux chemins Lombards, au Madrid-Saragosse, au Nord de l'Espagne, aux Romains, au Victor-Emmanuel, etc., etc., lorsque nous nous appliquons à calculer quelle peut être leur véritable valeur ? *Il y a parmi les actionnaires du canal de Suez des fanatiques que nous n'avons pas la prétention de convertir. Mais il nous est bien permis, sans doute, de donner consciencieusement notre avis à ceux qui veulent bien nous le demander; et à ceux-là, qui ne sont pas actionnaires du Suez, c'est, nous en avons l'intime conviction, leur rendre un véritable service que de leur ôter la fantaisie de le devenir.* »

Je n'ai pas besoin de rechercher si tous ces articles excèdent le droit des publicistes, s'ils s'inspirent de la loyauté et de la mesure qui doivent dominer les appréciations de l'écrivain financier. En montrant leur but caché, en prouvant leur communauté de vues avec les articles correspondants du *Journal des Travaux publics*, j'établis suffisamment leur caractère de partialité intéressée.

Le 7 octobre, *le Conseiller* rend compte de l'assemblée générale du 5. Le rapport de M. de Lesseps ne fait disparaître aucune de ses craintes, touchant l'avenir de l'entreprise ; il le discute en des termes que la simple lecture permet d'apprécier, avec un parti pris qui éclate au premier regard ; et il termine par cette phrase qui résume et juge en même temps l'article tout entier :

« *Il va sans dire que le 5 octobre, comme dans les assemblées précédentes, les bravos et les applaudissements n'ont pas été épargnés à M. de Lesseps, et que les conclusions de son rapport, ainsi que celles de la commission de vérification des comptes de l'exercice 1863, ont été adoptées à l'unanimité.* »

Enfin, le 18 novembre, *le Conseiller*, continuant son œuvre de discrédit, s'adresse une fois de plus aux actionnaires, pour semer la défiance dans leur esprit et leur faire entendre des conseils dont vous savez le but :

« Le Suez, cependant, se tient ferme à 420, grâce sans doute à la rareté des titres sur le marché et aux escomptes journaliers qui se font sur cette valeur. On sait que l'artifice des escomptes n'a d'autre but et d'autre résultat que de créer des cours factices, passagers, et qu'il ne s'emploie généralement que pour les valeurs qui ont besoin d'une main étrangère pour les soutenir. Ainsi, l'on a escompté, et l'on escompte encore, le Saragosse, le Nord de l'Espagne, le Portugais. Ce que nous disons ici, d'ailleurs, ne s'adresse point à ceux des actionnaires du Suez qui ont voulu faire une œuvre tout à fait désintéressée et purement humanitaire, en s'engageant dans cette entreprise ; ceux-là ont des oreilles pour ne pas entendre ; mais bien à ceux qui ont prétendu opérer un placement sûr et rémunérateur. A ceux-là nous disons : *Soyez attentifs, et, s'il ne vous convient pas de vendre, dès aujourd'hui, profitez du moins de la première reprise, si elle a lieu, pour vous débarrasser de vos actions. Nous ne leur demandons pas plus d'un an, pour qu'ils nous remercient de notre conseil.* »

Ainsi donc, Messieurs, du mois d'août au mois de décembre 1865, une même pensée anime les deux journaux, une même œuvre les réunit. Tous deux, par des voies différentes, poursuivent un but commun. Le concert est manifeste, la coalition évidente. S'il vous fallait une nouvelle preuve de cette entente, je vous rappellerais quels sont les antécédents du *Conseiller*, dans la question de l'isthme de Suez. En le prenant pour allié sur ce terrain, M. Nouette-Delorme ne marchait point à l'aventure. Dès 1863, à une époque où la Compagnie rencontrait devant elle des résistances ou des embarras qui vous ont été exposés en d'autres temps, *le Conseiller* était parmi ses adversaires. Je me trompe, MM. Soulaine et Denéchaud étaient au premier rang de ses ennemis ; et vous n'avez pas oublié par quelle résolution énergique ils manifestèrent dès lors leur ardente hostilité. En 1863, *le Conseiller* avait pour rédacteur en chef M. Ducuing, et pour gérants MM. Soulaine et Denéchaud. Le 28 novembre, il publie un article violent contre la Compagnie. Quels sont les auteurs de cet article, et dans quelles conditions voit-il le jour ? Écoutez la note que, le 15 décembre suivant, M. Ducuing fait insérer dans *l'Opinion Nationale* :

« M. F. Ducuing, rédacteur en chef du journal le *Conseiller* (*Gazette des Chemins de Fer*) a saisi le tribunal de commerce de la Seine d'une instance où il se plaint que la gérance du *Conseiller* ait publié dans le numéro du 28 novembre un article relatif à la question du canal de l'isthme de Suez, en faisant supprimer la mention suivante dont le rédacteur en chef voulait faire suivre ledit article :

« Cet article étant publié sans ma participation, j'en » décline toute la responsabilité comme rédacteur en » chef, faisant d'ailleurs à cet égard telles réserves que » de droit.

» *Le rédacteur en chef,*
» F. DUCUING. »

Dans le même temps, la Compagnie défère à votre appréciation la polémique du journal *la Semaine financière*. Le *Conseiller* se tait. Savez-vous à quelle époque il reprend la parole pour la première fois ? Le 19 août 1865 ! Six jours après que la campagne a été ouverte par le *Journal des Travaux publics* ! Enfin, Messieurs, si *le Conseiller*, dans ses attaques destinées à la publicité, garde soigneusement une mesure qui ne vous a point trompés, et qui rend ses insinuations et ses manœuvres plus perfides et plus dangereuses à la fois, voulez-vous savoir comment

il parle dans l'intimité de sa correspondance privée, quand il croit pouvoir sans péril laisser lire jusqu'au fond de sa pensée ? Au mois de septembre, M. Nocq, de Beauvais, actionnaire de la Compagnie et abonné du *Conseiller*, s'émeut de l'attitude hostile que celui-ci prend au regard de l'entreprise de Suez, et il écrit au journal pour lui déclarer qu'en une pareille situation il ne peut demeurer son abonné. Du journal on lui répond le 18 septembre :

« Nous tenons beaucoup à vous conserver parmi nos abonnés, mais vous-même vous comprendrez que *nous ne saurions enchaîner notre conscience et nous condamner à taire la vérité* quand nous la croyons utile à nos lecteurs. *Nous sommes plus modérés que vous ne le pensez sur l'entreprise* dont vous nous entretenez : *Suivant nous, et suivant les personnes les mieux à même d'être renseignées, ce sera une des plus déplorables affaires de ce temps-ci.....*

» Est-ce que vous pensez que nous sommes hostiles à une affaire parce que nous disons ce qu'elle est dans notre opinion ? Mais nous sommes tout prêts à proclamer sur les toits l'excellence de l'entreprise de Suez, le jour où elle nous sera démontrée. *Aujourd'hui, nous sommes persuadés qu'elle ruinera ses actionnaires, et cependant nous avons apporté jusqu'ici une grande réserve dans nos appréciations.* »

Est-ce bien le respect de la vérité et le cri de leur conscience qui obligent les gérants du *Conseiller* à sacrifier leur abonné, de même qu'en 1863 ils se séparaient de M. Ducuing ? Vous en jugerez, Messieurs, ou, pour mieux dire, vous en avez déjà jugé.

Prouvée, je le crois du moins, entre *le Journal des Travaux publics* et *le Conseiller*, l'entente commune est prouvée par là même entre ces deux journaux et la *Correspondance autographiée* de Denéchaud. Qu'est, en effet, la *Correspondance autographiée*, sinon l'écho du *Conseiller*, sous une forme plus intime, plus confidentielle, et partant plus dangereuse ? Tous deux ont un gérant commun, dès lors une inspiration commune, et je pourrai bientôt ajouter servent des intérêts communs. Les faux bruits, les alarmes chimériques, que le *Journal des Travaux publics* a jetés dans la circulation, que le *Conseiller* a relevés, en leur donnant une forme et un but plus pratiques, la *Correspondance* va les faire pénétrer dans l'esprit et dans la confiance de ses lecteurs, et chaque semaine, elle aussi, elle répétera : Vendez, vendez en hausse, comme en baisse, vendez à tout prix !

La *Correspondance* date, dans le monde financier, du 1er juin 1865. Le 15 juillet, pour la première fois, elle s'occupe des actions de Suez.

« Nous n'avons cessé de préconiser le Gaz parisien comme étant l'un des placements les plus sûrs et les plus avantageux. Nous sommes heureux de de voir que ceux de nos clients qui nous en ont fait acheter, gagnent déjà plus de 35 francs par action. Nous n'avons pas les mêmes prévisions à l'égard des titres du canal de Suez. *Il circule sur cette entreprise certains bruits qui nous inquiètent.* En tout cas, nous ne voudrions garder cette valeur en portefeuille qu'après que le canal sera fini et que l'on aura obtenu des résultats. On peut encore s'en défaire dans les prix de 430 francs. *Il faut craindre d'avoir attendu trop tard.* »

Quels sont ces bruits qui inquiètent M. Denéchaud ? Il y a dix jours encore, j'aurais pu le lui demander en face. Ce qui est advenu depuis lors, de M. Denéchaud, de sa *Correspondance autographiée*, de sa maison de banque, chacun le sait, et chacun sait aussi quels comptes ce spéculateur aventureux doit désormais à la justice criminelle. Mais je poursuis :

Le 29 juillet, « le canal de l'isthme de Suez, *que nous croyons toujours bon à vendre*, est très-peu recherché; les offres de vente commencent même à devenir très-nombreuses. »

Le 5 août, « le canal de Suez, *que nous avons vivement recommandé de vendre*, se déprécie un peu chaque jour, et est tombé un moment cette semaine à 426 25. *Nous répétons à nos clients qui en possèdent qu'ils feront très-bien de vendre et de ne pas attendre trop longtemps.* »

Le 12 août, « ce que nous n'avons cessé de dire sur le canal de Suez se confirme tous les jours; la dépréciation est progressive sans la moindre reprise. *Nous répétons encore que cette valeur ne doit pas être gardée en portefeuille.* »

Le 13 août, le *Journal des Travaux publics* lance son premier article de fond contre la Compagnie de Suez. La *Correspondance* lui a frayé la voie. Les bruits qui circulaient le 15 juillet, l'article du 13 août les retire et les confirme. Les recommandations incessantes que Denéchaud prodigue à ses lecteurs jusqu'au 12, l'article du 13 août leur donne une apparence de nécessité qui doit vaincre les résistances ou les hésitations. Bientôt va venir le *Conseiller* qui, parlant à son tour de bruits répandus, redira, après Denéchaud : Vendez, ne gardez à aucun prix. Son œuvre faite, la *Correspondance* rentre un instant dans l'ombre. Elle reparaîtra le 9 septembre, pour répondre à la note que le Conseil d'administration a publiée, le 23 août, dans le journal *le Temps* :

« Le Suez s'améliore. *Nous avons peine à le comprendre.* Nous savons bien qu'on a fait publier une note annonçant que la Société avait encore 170 millions de ressources disponibles. Cependant, au 30 juin 1864, l'actif n'était que de 174 millions. Est-ce que la Société n'aurait fait, en quatorze mois, que pour 4 millions de travaux ? *Ce ne serait guère rassurant pour ses actionnaires.* »

Le Conseiller a déjà dit tout cela dans son numéro du 26 août; mais il importe de le redire, et surtout de l'accréditer, en une forme qui commande de plus près la confiance du public et des intéressés.

Le 30 septembre, ce sont les travaux que la *Correspondance* incrimine. Le 26, le *Conseiller* a entretenu ses lecteurs de la grande fluidité du sol, qui empêche de donner une assiette aux ouvrages entrepris sur le lac Menzaleh. Le 14 et le 21 septembre, le *Journal des Travaux publics* avait apporté le premier la révélation de ce fait important. Denéchaud reprend à son tour :

« Comme nous savons qu'un assez grand nombre de nos clients sont encore porteurs de titres de la Compagnie du canal de Suez, nous tenons à les renseigner le plus complètement possible sur tout ce qui concerne la marche de cette affaire. *Nous ne devons pas dissimuler que nos derniers renseignements sur la difficulté des travaux ne laissent pas que de devoir causer une inquiétude sérieuse. La question principale, celle même de savoir si, par suite de la mobilité des sables, l'exécution du canal est possible, est loin encore d'être résolue. Nous devons ajouter que le cours actuel des actions ne prouve absolument rien, car il ne se soutient qu'au moyen de nombreux efforts.* L'assemblée générale des actionnaires aura lieu dans cinq jours. Il ne faudrait pas *laisser échapper cette occasion de savoir enfin à quoi s'en tenir sur les bruits décourageants qui circulent,* et, à cet effet, nous ne saurions trop engager nos clients à *nous expédier de suite leurs titres, quelle qu'en soit la quantité, afin que nous puissions les faire représenter à l'assemblée,* et provoquer les explications sérieuses auxquelles les actionnaires ont droit. »

L'assemblée générale est, en effet, sur le point de se réunir. La *Correspondance* n'a garde de l'oublier, non plus que le *Conseiller* et le *Journal des Travaux publics.* La réunion a lieu le 5 octobre; le surlendemain, Denéchaud rend compte de cette réunion, et en apprécie les résultats :

« Nos prévisions sur le Suez commencent à se réaliser. *L'opinion publique est généralement inquiétée sur l'avenir de cette entreprise; les offres de vente arrivent de tous côtés,* et malgré les sacrifices qui se font pour soutenir les cours, la baisse fait de rapides progrès; *ce serait une grande imprudence que d'attendre pour réaliser.*

« Ainsi que nous l'avions annoncé, l'assemblée générale des actionnaires de cette Société a eu lieu le 5. *Ce qui s'y est passé n'est guère de nature à rassurer les esprits. Les comptes présentés s'arrêtent à décembre 1863, et laissent complètement dans l'ombre les dépenses de 1864 et de 1865. Un nouvel appel de fonds a été annoncé pour le commencement de l'année prochaine.* Mais ce qui a causé la plus vive impression, *c'est la déclaration qui a été faite que les travaux seraient plus longs et plus coûteux qu'on ne l'avait pensé, et que l'on était forcé de changer la direction du canal.* »

Je n'ai point à insister devant vous, Messieurs, sur la pensée qui a dicté un pareil compte rendu. Ici, comme dans tous les articles qui précèdent, ce n'est pas seulement un droit excédé que vous rencontrez, c'est un oubli constant des principes, sans lesquels toute polémique honnête est impossible; c'est une méconnaissance volontaire et persistante de la vérité ; c'est un parti pris de dénigrement qui vous permet de juger l'homme en dehors même des faits récents qui jettent un si triste jour sur sa personne et sur ses actes.

Et pourtant, ce n'est pas tout : le 24 juillet, M. Caudebec, d'Yvetot, inquiété par les bruits que la *Correspondance* du 15 lui a révélés, écrit à Denéchaud pour lui confier ses préoccupations ; le 25 juillet, Denéchaud lui répond :

« Pour le canal de Suez, je puis vous donner
» comme certain que le capital n'est pas suffisant
» pour l'achèvement des travaux, qu'il faudra au
» moins une somme encore égale, que la Compa-
» gnie est très à court d'argent, que la main-d'œuvre
» augmente tous les jours, *que l'assemblée est reculée*
» *indéfiniment, car ils ne savent comment faire leur rap-*
» *port, etc., etc.* »

Après une pareille lettre, je n'ai plus un mot à ajouter, et je me demande si cette polémique ainsi organisée par ces trois journaux, sans bonne foi, sans sincérité, sans mesure, est au moins désintéressée ; si elle s'est inspirée d'un sentiment d'hostilité purement spéculatif, ou si, au contraire, elle n'a pas eu pour but de servir les manœuvres de Bourse que la Compagnie vous a signalées. Que sont donc les trois journaux incriminés ? M. Nouette-Delorme vous l'a dit, au moins pour le *Journal des Travaux publics* ; les feuilles financières sont d'ordinaire inféodées à quelque entreprise, dont elles soutiennent la marche et dont elles secondent les efforts. Et quelles sont les entreprises dont les trois journaux incriminés servent ainsi les intérêts ? Ils vont vous le dire eux-mêmes. Ouvrez un des numéros du *Journal des Travaux publics* :

« L'administration du JOURNAL DES TRAVAUX PUBLICS renseigne ses correspondants sur toutes valeurs négociées au parquet ou en banque ;

» Opère, par ministère d'agent de change, contre couverture préalable, tous achats ou ventes au comptant ou à terme ;

» Effectue tous versements, souscriptions, conversions, échanges, dépôts et retraits de titres ;

» Encaisse, gratuitement, tous coupons d'intérêts ou de dividendes ;

» Emploie en reports mensuels toutes sommes au dessus de 1,000 francs ;

» Garde gratuitement en dépôt tous titres et valeurs. »

Le *Conseiller, gazette des chemins de fer :*

« L'administration du journal LE CONSEILLER, gazette des chemins de fer, répond gratuitement, par le retour du courrier, aux demandes de renseignements qui lui sont adressées par ses abonnés sur la situation et la marche de toutes entreprises. Elle se charge de la vente et de l'achat de toutes rentes, actions et obligations, et de toutes négocia-tions de titres en général, sans commission en sus du courtage de l'agent de change. Elle se charge également de l'encaissement de tous coupons d'intérêts et de dividende. »

Et plus loin :

« CAISSE DE REPORTS.

» Les reports effectués en liquidation de juillet produisent un intérêt net de 5,25 0/0 l'an.

» Les sommes employées en report ne sont engagées que pour un mois.

» L'intérêt en est réglé et payé le 6 de chaque mois.

» Il suffit de prévenir deux jours avant le 1er de chaque mois, pour être remboursé du capital le 6 du même mois.

» Adresser les fonds, sous pli chargé, à MM. Denéchaud, Soulaine et Cie, directeurs-gérants du CONSEILLER, gazette des chemins de fer, rue Bergère, 26, Paris. »

Faut-il rechercher enfin à quelle entreprise se rattache la *Correspondance autographiée* de Denéchaud ? On ne le sait que trop aujourd'hui. Ceux qui l'ignoreraient encore peuvent parcourir un volume publié par Denéchaud sous ce titre : LA SCIENCE DE LA BOURSE, *ou moyen d'augmenter ses revenus sans spéculation ni risque.* Or, dans ce volume, un chapitre attirera particulièrement leur attention : *D'un intermédiaire servant réellement les intérêts des capitalistes qui veulent augmenter leurs revenus.* Ceux-là pourront également lire et méditer, dans le numéro de la *Correspondance autographiée* du 28 avril 1866, le passage suivant :

« Avis. Une circonstance très-favorable se présentant pour faire *une spéculation de Bourse* qui nous paraît devoir produire, en cinq ou six mois, *trois ou quatre fois le capital employé,* nous y ferons volontiers participer ceux de nos clients qui désireraient y prendre part. La somme nécessaire est d'environ 200,000 francs ; mais comme *il s'agit d'une spéculation sur laquelle nous devons garder le secret* pour ne pas nuire au succès, nous avons limité au chiffre de 1,000 à 3,000 francs la mise de fonds de chaque intéressé. L'opération réalisée, 75 0/0 des bénéfices qu'elle aura produits seront répartis entre les participants, en proportion de la mise de chacun d'eux. Les fonds doivent nous être expédiés avant le 25 mai prochain. »

Spéculation de Bourse ! Denéchaud a livré le mot de l'énigme, si toutefois la coalition des trois journaux peuvent contenir une énigme pour personne. Ne savez-vous pas, en effet, Messieurs, quelle notoriété scandaleuse a entouré, dans ces derniers mois, les spéculations de baisse qui se sont produites sur le marché, avec une audace inusitée, à l'aide de tous les moyens, je devrais dire de toutes les manœuvres, à ce point qu'une note du *Moniteur* a dû mettre en garde la confiance publique alarmée ? Vous n'avez pas oublié non plus comment un journal belge, le

Moniteur des intérêts matériels, a dévoilé tous les secrets de cette spéculation :

« On voit tout à coup surgir une foule de brochures, d'articles ayant la puissance de *déshabiller* une compagnie ou une société quelconque ; son passé, d'après le publiciste, n'est qu'une suite de mensonges envers le public ; son présent n'est connu que de ce seul publiciste, qui vient le dévoiler ; son avenir, c'est la ruine et la faillite des actionnaires et des obligataires. On s'émerveille de la hardiesse et de l'impartialité du publiciste. Mais qu'on attende un instant avant de juger. A tous ces articles et ces brochures, il y a une conclusion unique toujours invariable, et qui peut se résumer par cette phrase : Actionnaires ou obligataires, vendez si vous ne voulez pas être ruinés. Voilà où perce le bout de l'oreille. Le public vend, et c'est tout ce que veut le publiciste indépendant et impartial, car cela sert la petite spéculation particulière du baissier. Pendant qu'on pèse sur le public, la spéculation s'organise à la Bourse, etc. »

Plus loin, le journal belge ajoute :

« La spéculation à la baisse, celle dont nous vous avons parlé en dernier lieu, a fait un mal incalculable au crédit public. C'est à Paris qu'est le foyer du mal, et c'est en France également que ses ravages ont été les plus sinistres. Mais son action s'est étendue à l'Europe entière, et partout la confiance est ébranlée, sinon perdue entièrement. Prenons Londres pour exemple et la tenue actuelle du Stock-Exchange, etc..... »

Les journaux anglais et la presse française tiennent le même langage. *Le Crédit public* reproduit l'article du *Moniteur des intérêts matériels*. *L'International* publie un travail dans le même sens, sous ce titre : *Les baissiers au Stock-Exchange*. Enfin, le *Times*, dès le 10 février 1866, appelait une répression exemplaire sur les pratiques désastreuses des baissiers :

« La position de quelques-unes des Compagnies financières les plus sujettes à la spéculation continue à être un sujet d'incertitude, ajoutant à la défiance existante contre toute sorte de valeurs ; en même temps, les opérateurs à la baisse, aidés par les amateurs oisifs ou ignorant du mal, travaillent à semer l'inquiétude, en plaçant les principaux et les plus éminents de nos chemins de fer et de nos entrepreneurs dans la liste des Sociétés compromises, quoique la position de ces Sociétés soit hors de toute question à la connaissance de ceux qui ont accès aux informations les plus respectables. Cette pratique a pris une telle étendue dans ces dernières années pendant chaque période temporaire de dépression qu'il y aurait à se féliciter si l'une des parties, objet de ces manœuvres, rendait le service public de prendre un de ces délinquants et de lui faire infliger une punition légale, suffisante pour servir d'exemple. »

Messieurs, appliquez toutes les révélations que viennent de vous apporter, et le *Moniteur des intérêts matériels*, et le *Times*, aux trois journaux incriminés devant vous, — et jugez ; jugez non point seulement au regard de l'intérêt privé qui réclame à votre barre, mais encore au regard de l'intérêt public, que de pareilles manœuvres compromettent au plus haut degré.

Ferais-je erreur en assimilant M. Nouette-Delorme, M. Soulaine, M. Denéchaud, et M. de Chabaud avec eux, à ces spéculateurs sur qui le *Times* appelle les rigueurs de la justice ? Vous avez pu l'apprécier déjà par leurs écrits, jusqu'à la fin de novembre 1865. Vous l'apprécierez mieux encore, soit par leurs actes pendant la période que je viens de parcourir, soit par leurs écrits et par leurs actes depuis la fin de novembre 1865 jusqu'à la veille même de cette audience.

Pour atteindre le but que se propose la spéculation à la baisse, il ne suffit pas de créer les faux bruits et les rumeurs alarmantes ; il faut les répandre partout et les répandre surtout au cœur de l'entreprise qu'on veut discréditer. Dans le numéro de son journal du 19 novembre, Nouette-Delorme a posé le programme de la résistance qu'il prétend organiser contre la Compagnie : Retraite de l'administration actuelle, refus de paiement du dernier cinquième des actions, envoi d'une commission dans l'isthme pour vérifier l'état des travaux. Ce numéro du 19 novembre, est répandu de tous côtés dans une proportion considérable. Il est envoyé en Égypte, à Ismaïlia, à Port-Saïd, aux employés mêmes, aux comptables de la Compagnie, aux chefs de section, aux chefs de transport. Il n'y a point à le nier, les bandes d'envoi sont là, au dossier, avec le timbre de Paris au départ. Ai-je besoin d'ajouter que les destinataires ne sont point des abonnés du journal ? M. de Lesseps, qui se trouve alors en Égypte, s'émeut de ces envois, et d'Ismaïlia, le 24 décembre, il adresse à ses agents une circulaire qui débute ainsi :

« Plusieurs des agents des travaux dans l'isthme
» m'ont écrit ou m'ont dit, pendant ma dernière
» tournée, qu'ils avaient reçu par la poste, *sans être*
» *abonnés*, et dans un but inconnu, deux numéros du
» journal parisien intitulé *Journal des Travaux pu-*
» *blics*, en date du 19 octobre *et du 19 novembre*. Une
» centaine de ces numéros ayant sur les bandes les noms
» et titres des principaux chefs et employés, avec
» le timbre de la poste de Paris, ont été en effet dis-
» tribués, par notre propre service postal, *à Ismaïlia*,
» *à Port-Saïd et dans les autres chantiers..... »*

En France, voici des lettres d'Orléans, de Sens, de Tournus, d'octobre et de décembre 1865, qui attestent que le numéro du *Journal des Travaux publics* du 19 novembre, ou des numéros antérieurs, ont été adressés à des actionnaires non abonnés, à des agents de change, à des banquiers, à des journalistes.

La *Correspondance autographiée* de Denéchaud suit a même voie. D'Yvetot, de Marmande, de Braine (Aisne), voici encore des lettres montrant qu'elle est spontanément adressée à des hommes d'affaires, à un notaire, à un greffier, aux membres d'un cercle.

Ce n'est point assez. Le 24 novembre 1865, Nouette-Delorme, déjà propriétaire et gérant du *ournal des Travaux publics*, veut créer un nouvel organe de publicité, et l'on voit apparaître le premier numéro de la *Revue financière, commerciale, industrielle et agricole de la semaine*, qui a ses bureaux *rue d'Aumale*, 5. Cette feuille néglige, paraît-il, de satisfaire aux exigences de la loi fiscale, et, à peine née, elle meurt aussitôt. Mais, elle a au moins publié un premier numéro, et, dans ce premier numéro, à la première page, sous la rubrique *Canal maritime de Suez*, chacun a pu lire l'article publié le 19 novembre par le *Journal des Travaux publics*, et chacun a pu le lire, précédé d'observations que je recommande à toute votre attention :

CANAL MARITIME DE SUEZ.

« Parmi les affaires qui donnent lieu aux plus sérieuses préoccupations de l'opinion publique, nous devons mettre au premier rang l'entreprise du canal de Suez, à cause de l'extrême diffusion des titres de cette Compagnie. On sait, en effet, que la Société de Suez a placé, chez les petits capitalistes de France, environ 200,000 de ses actions.

» Or, si l'on s'en rapportait aux affirmations pleines de confiance qui sont exprimées par l'administration de l'entreprise, il faudrait compter sur un prompt achèvement du canal et la dépense n'excéderait pas les moyens financiers dont la Compagnie peut disposer.

» Mais, d'autre part, les allégations de l'administration déjà démenties, il faut l'avouer, par la marche des choses jusqu'à ce jour, rencontrent chez des écrivains convaincus et bien éclairés sur le sujet des contradicteurs dont les études ne sont pas réfutées.

» Le *Journal des Travaux publics*, tout particulièrement, vient de consacrer, à l'examen de l'entreprise du canal de Suez, une série d'articles qui ont été également remarqués dans le camp des amis les plus dévoués de la direction et parmi ses adversaires.

» Les conclusions de ce travail, qui forment la matière du dernier article, nous paraissent intéresser tout le monde. Nous les publions ci-après ; ceux de nos lecteurs qui voudraient se renseigner sur les détails, pourront d'ailleurs se procurer, sous peu de jours, l'ouvrage dont la publication est annoncée sous le titre de : *La vérité sur le canal de Suez, par un patriote*. »

De même que le numéro du *Journal des Travaux publics* du 19 novembre, l'unique numéro de la *Revue financière* est répandu partout à profusion. Que les exigences légitimes du fisc aient empêché, ou du moins gêné sa complète diffusion, j'y consens. Mais,

Nouette-Delorme, lui-même, nous apprend qu'il a été tiré à 9,000 exemplaires, et, ce qui importe bien plus, il a été envoyé spontanément au dehors. Les percepteurs du Loiret l'ont reçu à titre de prospectus. L'un d'eux même a voulu prendre un abonnement ; ou lui a répondu que le journal cessait de paraître parce qu'il allait changer de nom et se fusionner avec un autre. Tout cela est attesté par une lettre écrite d'Orléans à la Compagnie, en décembre 1865, qui se trouve aux pièces.

Ce n'est point assez encore : la *Revue financière*, dans son unique numéro, annonce l'apparition prochaine d'une brochure intitulée : *La vérité sur le Canal de Suez, par un patriote*. Elle offre même cette brochure en prime gratuite aux abonnés d'un an qui enverront le montant de leur souscription avant le 1er janvier 1866. Cette brochure paraît, en effet, au commencement de décembre 1865, chez Dentu. Savez-vous, Messieurs, ce qu'est cette brochure, de quels éléments elle se compose, quel but elle poursuit ? Ses éléments, vous les connaissez déjà : ce sont les huit articles publiés par le *Journal des Travaux publics*, du 13 août au 19 novembre, augmentés d'une préface, d'une introduction et d'un épilogue, et découpés en chapitres avec des titres tels que ceux-ci : *Préoccupations sur la situation de l'entreprise ; — Ce que devrait faire M. de Lesseps ; — Conséquences des tergiversations de la discussion ; — Les subterfuges de l'administration ; — Les reproches qu'on fait à l'administration de la Compagnie ; — Opinion de nos lecteurs ; — Réponse à leurs questions*.

Quant au but poursuivi, vous le connaissez depuis longtemps ; mais il importe d'affirmer, une fois de plus, ce que le journal de Nouette-Delorme répète depuis quatre mois ; il importe de l'affirmer avec une énergie nouvelle, sous une forme plus autorisée et dès lors plus dangereuse. C'est M. de Chabaud qui, dans la *Préface*, se charge de ce nouveau soin.

« *A Monsieur le directeur du* JOURNAL DES TRAVAUX PUBLICS.

» Mon cher directeur,

» Vous me chargez de réunir, revoir et corriger les articles que nous avons publiés dans le *Journal des Travaux publics*, comme études sur le Canal maritime de Suez, votre désir étant d'en former un recueil et de les rééditer, pour répondre aux demandes qui vous sont adressées et que l'épuisement de vos collections vous empêche de satisfaire.

» Je suis heureux que ce travail ait eu quelque succès, assez, au moins, pour que vous soyez dans le cas de le faire réimprimer. Cependant, ce n'est pas sans éprouver un sentiment de tristesse que je prends la plume pour le retoucher. L'approbation que nous avons obtenue de nombreux lecteurs nous dédommage sans doute des sottes injures d'un petit nombre ; mais est-il donc impossible de signaler les erreurs et l'insuffisance de la direction de cette grande entreprise, sans encourir aussitôt le reproche d'être l'organe des haines et des antagonismes de l'étranger; sans être désigné comme l'instrument de quelque passion jalouse et hostile; sans être accusé, enfin, de quelque spéculation déshonnête?

» Tel est pourtant le rôle qui est prêté, par l'entourage trop zélé de la Compagnie du canal de Suez, à tous ceux qui se permettent de ne pas trouver admirables, sublimes, au-dessus de tous éloges, la direction de l'entreprise, les résultats qu'elle a obtenus, sa marche et ses tendances.

» Ce n'est point nous qui avons dénaturé ce débat si simple, si déterminé dans son caractère et son objet : ce n'est pas nous qui avons transformé une question de moyens en une question de principes.

» Nous nous étions simplement proposé de démontrer que la direction actuelle et son administration ne sont à la hauteur ni des difficultés, ni des besoins de cette grande opération.

» Dans les écrits et les discours de nos contradicteurs, la discussion a pris un tout autre aspect. Pour eux, en effet, le canal de Suez, c'est eux-mêmes et c'est la France; contester leur aptitude et leurs moyens, c'est nier la puissance de notre pays, c'est nier la réalisation de l'œuvre, objet des espérances et de l'attente du monde civilisé.

» Une fois engagés dans ce système dont l'absurdité égale la pompeuse vanité, les fanatiques ne connaissent plus de bornes, et oubliant qu'il s'agit pour M. Ferdinand de Lesseps et ses amis d'exécuter un ouvrage de terrassements, ils s'écrient qu'il serait odieux de leur marchander l'or et le temps.

» Voilà pourtant où conduisent les adulations irréfléchies de la foule égarée par les excès du chauvinisme, par le style immodéré des réclames.

» Mais le bon sens public, s'éclairant chaque jour à la vraie lumière de l'expérience, fera bientôt complète justice de ces ridicules exagérations, de même qu'il a déjà condamné l'étrange prétention de cette Compagnie qui voudrait rendre solidaire de ses fautes la dignité même de la France.

» Si nos observations doivent aider à dissiper le nuage obscur dans lequel on s'efforce de maintenir l'opinion publique, et à replacer la question sur son véritable terrain, celui des affaires, je ne puis qu'applaudir à votre projet de rééditer les études que nous avons insérées dans les colonnes du *Journal des Travaux publics.*

» Recevez, mon cher directeur, l'assurance de mes meilleurs sentiments.

» E.-P. DE CHABAUD. »

» *Paris, le 5 décembre 1865.* »

Je ne m'arrête plus, Messieurs, à vous signaler le caractère de cette préface, ses insinuations déloyales et ses formes injurieuses. Mais je voudrais bien, une fois encore, qu'il vous fût justifié de ces sollicitations extérieures qui ont démontré à M. Nouette-Delorme la nécessité de réunir en une brochure les articles de son journal. Et j'ai le droit de le demander, surtout, quand je lis l'*Introduction* qui suit la *Préface* :

« Nous étions les amis dévoués de l'entreprise, dit l'auteur de cette Introduction, nous étions des premiers à souhaiter sa réussite et à nous applaudir de ses succès. Un jour est venu où la somme du mal nous a paru menacer de l'emporter sur la somme du bien; nous nous sommes pourtant abstenu d'éveiller les inquiétudes du public; mais enfin le devoir du public nous a commandé de parler.

» *Des renseignements nous provenaient de divers côtés*, qui nous montraient la situation de l'entreprise comme gravement compromise; cent millions et plus dévorés en travaux préparatoires, les ressources disponibles de la Compagnie devenues insuffisantes désormais pour achever les travaux indispensables; *le doute et le découragement régnant déjà dans le personnel de l'isthme; l'hésitation commençant à naître chez quelques-uns des plus forts intéressés*; en un mot, les éléments de dissolution grandissant de jour en jour.

» D'autre part, *nous recevions de plusieurs actionnaires des témoignages manifestes de leurs préoccupations; nous étions interrogé et pressé de répondre aux questions les plus diverses.*

» Ce fut après avoir consulté nous-même *des personnes ordinairement bien au fait de ce qui concerne la Compagnie du canal de Suez* que le *Journal des Travaux publics* commença la publication des articles qui ont précédé la réunion de l'assemblée générale du 5 octobre 1865.

» Dans ces premiers articles, *nous fûmes l'écho des bruits* attribuant à M. de Lesseps des intentions que, pour notre part, nous aurions été heureux de lui voir réaliser. L'avenir, un avenir prochain, montrera que nous étions dans le vrai. »

Certes, Messieurs, voilà un langage dont la gravité ne vous échappe point : ce n'est pas en son nom que parle le publiciste, c'est au nom des informations qu'il a recueillies, au nom des préoccupations dont plusieurs actionnaires lui ont fait confidence, au nom des instances dont il a été en quelque sorte obsédé, au nom de personnes considérables et autorisées dans la question qu'il traite. Appuyés sur de telles bases, ses appréciations vont prendre une importance toute particulière et éveiller de légitimes alarmes. Si toutes ces précautions oratoires ne sont qu'un leurre, qu'une manœuvre nouvelle pour capter la confiance du lecteur, — si le publiciste ne prend aucun souci de vous apporter, même de loin, la preuve de tous ces faits qu'il met en avant, — si vous savez d'ailleurs ce que valent ses affirmations et comment il faut qualifier sa polémique, — je vous le demande, tous les abus, tous les excès que je vous ai signalés déjà ne s'aggravent-ils pas ici de façon à commander toutes les rigueurs de votre justice?

La brochure se termine par un *Épilogue* digne de l'*Introduction*. Je ne m'y arrête que pour vous signaler les quelques lignes qui le terminent :

« Nous avons été vrai d'un bout à l'autre dans ce travail. — Sur la question d'art, nous avons mis l'administration en demeure de nous confondre, par un rapport complet sur le passé, le présent et l'avenir de

la marche des travaux. — Elle n'a pas cru pouvoir relever cette proposition ; aujourd'hui, nous la mettons
à l'aise pour nous traduire devant les tribunaux, si elle
juge, dans sa conscience, que nous soyons sorti un
seul instant des limites de la plus loyale discussion et
du champ de la vérité.

» A la suite de cette étude, nous publierons prochainement un second travail sur la situation financière
de la Compagnie, sur la condition politique que lui a
faite M. de Lesseps. Et, enfin, au retour de la Commission qui va bientôt inspecter les chantiers dans l'isthme,
nous rendrons compte de l'état des travaux.

» Aujourd'hui, nous livrons à l'analyse et à la discussion de nos amis et adversaires le fruit de nos
études. *Nous terminons, en faisant aux intéressés un chaleureux appel, pour qu'ils se rallient aux hommes qui ont
entrepris la tâche d'éviter un désastre public, en prévenant la
ruine de l'entreprise actuelle du canal.*

Ainsi, Messieurs, la campagne ouverte par le *Journal des Travaux publics* se poursuit avec une activité
infatigable, à l'aide de tous les moyens, de toutes
les manœuvres, propres à semer l'inquiétude dans
l'esprit des actionnaires. Nouette-Delorme a expédié
partout et spontanément son journal d'abord, puis
l'unique numéro de sa *Revue financière*; il distribuera
de même sa *Vérité sur le canal de Suez*. Il la distribuera aux intéressés, aux indifférents, aux hommes
d'affaires, aux actionnaires, à tout le monde. Et,
quand un actionnaire, ému de ses attaques incessantes, l'interrogera sur la situation, il répondra par
l'envoi de sa brochure. Les articles du journal étaient
disséminés, un journal s'égare facilement, l'enchaî-
nement des articles se saisit malaisément à la lecture
du journal. La brochure, au contraire, s'impose en
quelque sorte au lecteur; elle demeure là près de
lui, sur sa table, attirant son attention, provoquant
ses loisirs, éveillant sa curiosité. — Si le lecteur est
un actionnaire de Suez, à mesure qu'il lit, l'attention
redouble, les craintes se font jour, la défiance naît,
il partagera bientôt peut-être les alarmes du polémiste, et, s'il ne se résout point à vendre ses actions,
il prendra la plume et il adressera à la Compagnie
une de ces lettres pleines de soupçons contenus,
dont vous trouverez la trace au dossier de la demande. Si, au contraire, il reste ferme dans sa confiance, les incitations de certains spéculateurs de
bas étage viendront encore l'y assaillir. On lui demandera, comme à cet actionnaire d'Orléans, dont la
lettre est aux pièces, de confier ses titres, moyennant un loyer de 20 francs par action pour un mois,
dans le but, lui assurera-t-on, de tendre un piège
aux baissiers et d'arrêter la dépréciation des valeurs
de la Compagnie. On lui proposera, comme à cet
actionnaire de Metz, dont la lettre est également
aux pièces, de vendre ses actions à 3 francs de
prime, et de réaliser ainsi un bénéfice, quand les
titres sont en baisse sur le marché. Que ces deux

tentatives soient le fait direct des défendeurs, je ne le
prétends point, n'ayant aucune preuve qui m'autorise
à le penser : mais qu'elles soient le résultat des manœuvres accumulées par eux contre la Compagnie et
de la spéculation organisée par eux sur les actions
de Suez, nul n'en saurait douter, pour peu qu'il
veuille se souvenir des révélations du *Moniteur des
intérêts matériels*, du *Crédit public*, de l'*International*
et du *Times*.

Pendant ce temps, quelle est l'attitude des trois
journaux incriminés? Dans les manœuvres qui viennent de passer sous vos yeux, l'action principale ap-
partient à M. Nouette-Delorme. Ses auxiliaires de-
meuraient-ils inactifs? Le *Journal des Travaux
publics* resterait-il silencieux? Non, Messieurs. Les
trois journaux continuent de s'associer à l'œuvre
commune, et je dois maintenant vous montrer rapi-
dement quelle est leur tactique et quel est leur langage, à partir du 19 novembre 1865 jusqu'au mois
de juin 1866, époque où l'attaque prendra entre les
mains de M. Nouette-Delorme une forme nouvelle
et définitive.

Le *Journal des Travaux publics* d'abord ! Jusqu'au
19 novembre 1865, vous savez sous quels aspects
généraux il envisageait la situation de la Compagnie,
et comment il protestait n'être point une feuille de
Bourse, et n'avait point à s'inquiéter du cours des
actions de Suez. Le 3 décembre, il croit devoir se
départir de cette ligne :

« Cette liquidation a présenté une particularité re-
marquable. Les actions du canal de Suez et des Chemins portugais ont donné lieu à un déport qui s'est
élevé jusqu'à 25 francs par titre. Ces deux valeurs sont
donc condamnées à *une dépréciation rapide et inévitable*.
Nos lecteurs savent, en effet, qu'un déport élevé est la
preuve incontestable de l'impuissance de ceux qui,
malgré *la mauvaise situation* des entreprises qu'ils pa-
tronnent, *veulent donner le change sur elles* et tenir quand
même le cours de leurs actions. On se souvient que tous
les déports qui ont été cotés à la Bourse ont été aussi le
signal, pour les valeurs qui en étaient l'objet, *d'une
baisse irrésistible*. La dernière valeur au sujet de laquelle,
il y a un an à peine, un déport considérable a été coté,
c'est le Séville-Xérès. Or, quand l'administration du
Séville-Xérès faisait coter 20 francs de déport, elle faisait, comme le font aujourd'hui les preneurs de Suez
et des Chemins portugais, un effort extrême et déses-
péré. — *Désormais aucune puissance financière, si grande
qu'elle soit, ne saurait arrêter la dépréciation des titres de
ces deux Compagnies dont la position, à notre appréciation,
est inférieure à celle du Séville-Xérès; aujourd'hui coté de
30 à 40 francs.* »

S'il était encore besoin de rechercher quel but
poursuit le *Journal des Travaux publics*, cet article
laisserait-il un seul doute sur l'existence de la spéculation à la baisse organisée par Nouette-Delorme?

La veille, 2 décembre, *le Conseiller* écrivait:

« Les actions de Suez ont eu aujourd'hui un mouvement de 422 fr. 50 c. à 428 fr. 75 c., avec un déport qui s'est élevé à 1 fr. 25 c. Nous avons assisté à la conférence faite le 27 novembre par M. de Lesseps sur les travaux de l'isthme de Suez. *Les explications qu'il a fournies à ses auditeurs, loin de nous couvertir, nous ont plus que jamais convaincu que les porteurs d'actions feront bien de vendre.* »

Le même jour, 2 décembre, la *Correspondance autographiée* écrivait de son côté :

« Le Suez reste immobile aux environs de 420 fr. » Nous en avons expliqué les raisons dans notre dernière circulaire. »

Cette dernière circulaire porte la date du 25 novembre :

« Le Suez est toujours coté à 430, bien qu'aucune offre à ce prix ne puisse trouver preneur. Il y a là un *mystère* que nous tâcherons d'éclaircir. Nous comprenons bien les exigences d'un nouvel appel de fonds, mais *nous sommes effrayés des désillusions du lendemain.* Nous ne pouvons pas oublier qu'on nous avait annoncé qu'en 1864 le canal maritime serait creusé à 8 mètres de profondeur avec une largeur de 80 à 100 mètres, et que la largeur du canal d'eau douce serait de 27ᵐ,50, et tout cela avec une dépense seulement de 144 millions, non compris les intérêts et les frais administratifs. Eh bien ! nous voilà à la fin de 1865. Nous avons déjà dépensé 119 millions, que l'on peut porter à 159 millions par suite du gros matériel ordonné, et les entrepreneurs en sont encore à organiser leurs chantiers. *C'est donc avec raison que l'on se demande comment, dans cette situation, les actions peuvent encore être cotées à 420 francs.* »

Le 5 décembre, la Compagnie assigne le *Journal des Travaux publics* à comparaître devant le tribunal. Elle assigne également le *Conseiller* et la *Correspondance autographiée*. Le *Journal* proteste au nom des immunités de la presse, en accompagnant sa protestation d'une insinuation qui ne saurait plus nous surprendre :

« La première réflexion que nous inspire la mesure de la Compagnie à l'égard des discussions de la presse, c'est que *l'on a dit attendu pour s'y décider tout juste le moment où M. de Lesseps venait de quitter la France.*

» *Il ne nous convient pas de dire aujourd'hui le pourquoi de cette étrange conduite. L'heure viendra bientôt où, devant le tribunal, nous aurons à l'expliquer.* »

Le *Conseiller* proteste à son tour, au nom même de la jurisprudence du tribunal, dans une espèce qui, pour le dire en passant, n'avait rien de commun avec l'espèce actuelle, et il poursuit :

« Nous ne voulons aujourd'hui entamer aucun débat, *nous aurions trop à dire.* Mais, en vérité, lorsque nous songeons que la Compagnie de Suez, soit par sa faute, soit par celle des événements, n'a tenu aucune des promesses de son programme, si bien qu'après avoir dépensé près de 120 millions, elle a aujourd'hui à peine exécuté la cinquième partie de ses travaux, de

beaucoup la moins laborieuse, et que nous nous reportons à nos articles, *toujours pleins d'égards pour les personnes*, et qui, *au milieu de l'examen raisonné des faits, n'épargnent pas les avis bienveillants,* nous restons confondus de l'attitude et des procédés de cette Compagnie.

» Quoi ! du papier timbré ! lorsqu'il vous était si facile, si nous avions commis quelque erreur, de nous adresser une rectification que nous nous fussions empressés d'accueillir.

» Vous avez préféré nous faire un procès, et demander CINQUANTE MILLE FRANCS *de dommages-intérêts.*

» Nous nous présenterons, croyez-le bien, avec confiance devant la justice, *qui repoussera, comme elle le mérite, votre demande, qu'il nous répugne de qualifier.* »

Enfin, la *Correspondance autographiée* élève sa réclamation, au nom des mêmes principes et des mêmes franchises :

« La Société du canal de Suez, dont nous avons cru devoir faire connaître à nos clients *la triste situation,* paraît tenir absolument à ce qu'on la croie prospère. *Ne pouvant pas réfuter par des faits les renseignements inquiétants qui arrivent d'Égypte,* elle se plaint fort de ce que l'on s'en préoccupe, et intente des procès à tous les journaux financiers qui préviennent leurs lecteurs que *le capital social se dépense sans résultats.* Le *Journal des Travaux publics* et le journal le *Conseiller* viennent de recevoir chacun une assignation en 50,000 francs de dommages-intérêts pour hostilités systématiques. Il n'est pas jusqu'à notre circulaire, toute modeste qu'elle soit, qui n'ait paru aux administrateurs du canal de Suez mériter une action judiciaire. Nous avons aussi reçu notre assignation, mais nos clients peuvent être assurés que nous n'en persisterons pas moins à accomplir les devoirs que leur confiance nous impose. Ces trois procès auront du reste leur utilité. *Ils provoqueront la publication de documents qui éclaireront les intéressés, et prouveront aux administrateurs du canal qu'il y a longtemps qu'ils ne construisent que sur du sable.* »

La justice une fois saisie, les trois journaux avaient le devoir commun d'attendre sa décision ; et, si la Compagnie tardait trop à leur gré d'arriver jusqu'à votre audience, ils pouvaient solliciter de vous une solution dont l'urgence était manifeste. Ils apprécient autrement leurs obligations, et, n'écoutant que l'intérêt de leur spéculation, ils se font en quelque sorte juges dans leur propre cause, en perpétuant le débat sur un terrain qu'ils devaient déserter tout au moins jusqu'au jour de votre décision.

Dans le numéro même qui contient ses protestations, 30 décembre, la *Correspondance autographiée* ne craint pas de dire :

« ..... Dans les conditions où se présente la prochaine liquidation, qui aura lieu mardi et mercredi, tout fait prévoir qu'il se produira des déports assez élevés sur diverses valeurs, et notamment sur les chemins portugais et sur le canal de Suez. *Nos clients, détenteurs de ces valeurs, qui voudraient en profiter, n'ont qu'à nous adresser leurs titres.* »

Le même jour, le *Conseiller* écrit de son côté :

« Il y a aujourd'hui un déport de 6 à 7 francs sur les actions de Suez, qui se traitent à 440 francs. *Nous ne craignons pas de dire que tôt ou tard cela finira mal.* »

Dès le 24, le *Journal des Travaux publics* a repris la lutte par un de ces procédés auxquels sa polémique vous a dès longtemps habitués. Un journal anglais, la *Shipping and Mercantile Gazette*, au cours d'un article consacré au canal de Suez, avait dit : « Lorsque ce canal sera complété, il sera certainement la merveille du siècle : *It will certainly be the achievement of the age.* » Le 21 décembre, le *Moniteur* traduit l'article du journal anglais ; une erreur se glisse dans sa traduction, et l'on prête à la *Shipping Gazette*, cette phrase : « La fin du siècle verra le canal terminé. » Et le *Journal des Travaux publics* de triompher.

« *Le Moniteur universel* du 21 décembre publie sur cette entreprise (canal de Suez) un article emprunté à un journal anglais, la *Shipping and Mercantile Gazette*. Dans cet article, où *l'ironie se cache sous une apparence de bonhomie*, le rédacteur évalue le trafic du canal maritime et les prix auxquels les marchandises pourront être transportées, et il engage le commerce anglais à se préparer au changement à venir, c'est-à-dire aux modifications profondes que l'ouverture du canal devra apporter dans la navigation actuelle.

» Les Anglais n'ont pas trop de temps pour se préparer, car le rédacteur de la *Shipping Gazette* annonce que « la fin du siècle verra le canal terminé. »

» Que pensent de cela les actionnaires de la Société anonyme égyptienne du canal de Suez ? »

Vainement le journal *l'Isthme de Suez* signale et redresse l'erreur qui s'est glissée dans la traduction du *Moniteur*. Le journal de M. Nouette-Delorme, qui a si bien accueilli l'erreur, dédaigne d'accueillir la rectification.

A côté de ce procédé, voici, le 7 janvier 1866, des insinuations qui relèveraient à bon droit d'une autre juridiction. Par une mesure prudente, la Compagnie interdit à ses agents de faire aucune publication sur ses affaires, sans l'adhésion du comité de direction ; un ordre de service est rédigé dans ce sens.

« Ce document, choisi parmi les pièces qui forment notre dossier sur l'entreprise de Suez, prouvera bien clairement à tous qu'il ne peut venir en Europe des chantiers de la Compagnie, que les nouvelles qu'il convient à la direction de laisser connaître ; encore faut-il que les écrits subissent l'examen, la censure et la correction des directeurs. Ils auraient cependant à s'occuper de choses plus sérieuses, comme le prouve la circulaire 22, du 7 janvier 1864, émanée de l'intendant général. Mais n'anticipons pas, nous aurons à en parler avec beaucoup plus d'à-propos.

» *Devant la justice*, où M. de Lesseps nous a appelé, *nous lui montrerons combien nous avons mis notre bonne foi à l'abri dans le cours de cette discussion, et cela n'aura pas pour nous les inconvénients que présenterait la publication de tous les documents sur lesquels nous nous appuyons.* »

Enfin, à côté des insinuations, le 1er février, voici les allégations de faits précis, positifs, dont nous attendons encore la preuve.

« Hier, si l'on doit *en croire les correspondances de l'isthme qui ont été mises sous nos yeux*, c'étaient *les digues du canal maritime qui avaient été emportées, les eaux se répandant dans le lac Ballah*, laissant le canal à peu près à sec, et mettant tous les services en suspens sur les chantiers supérieurs. Demain ce sera autre chose, *et ainsi jusqu'à la fin de l'entreprise*.

» Pour nous, *l'insuffisance du capital ne peut pas se chiffrer, non plus que le temps nécessaire* pour achever l'œuvre. Rien de ce qui se passe dans l'isthme n'a pu atténuer la force de nos convictions à cet égard, et nous sommes toujours assuré que les événements justifieront notre conviction. »

Le Conseiller ne recule pas davantage devant les insinuations. Les actions de Suez maintiennent leur cours à un chiffre qu'il voudrait sans doute voir plus promptement décroître. Est-ce un indice de reprise ? Non pas. Le Suez est déclassé, et des manœuvres de Bourse peuvent seules le soutenir.

20 janvier 1866 :

« *Une sérieuse étude de tous les éléments constitutifs des chemins Lombards, des chemins Portugais, du Madrid-Saragosse et du canal de Suez*, sans que nous voulions établir entre ces quatre affaires la moindre comparaison, nous a démontré que les actions des unes et des autres *maintenaient leurs cours au-dessus de leur valeur réelle*. A quoi cela tient-il ? Uniquement à l'existence de groupes de capitalistes, qui s'associent solidairement pour acheter des titres, les lever en liquidation, les raréfier sur le marché, occasionner des déports et effrayer le découvert, qui, malgré toutes les raisons qu'il a de croire à la justesse de ses appréciations, rachète parfois précipitamment les titres qu'il a vendus. »

Le 3 février, mêmes insinuations, mêmes manœuvres. La baisse est venue, il faut l'activer encore :

« Et les actions du canal de Suez, qui ont eu, il y a deux mois, un déport de 20 francs, ce qui signifiait qu'elles étaient très-rares sur le marché, et qui, aujourd'hui, ont un report de 4 francs, ce qui veut dire qu'elles sont revenues en grand nombre, les voilà tombées de 430 francs à 402 fr. 50 c. en huit jours. Est-ce que les acheteurs de la veille seraient devenus les vendeurs du lendemain ? Le moment approche où les actionnaires du Suez seront de nouveau réunis en assemblée générale ; ils seront à même de savoir combien de mètres cubes ont déblayés, depuis la dernière réunion, les grands entrepreneurs MM. Borel-Lavalley, qui sont chargés d'extraire, pour leur part, plus de 50 millions de mètres cubes. »

Quant à la *Correspondance autographiée*, c'est à peine si elle s'occupe des actions de Suez. A quoi bon? Ce sont maintenant des valeurs déclassées.

« Le Suez, dit-elle le 27 janvier, ne paraît plus
» coté que pour lui conserver son cours de 430 francs,
» sans que l'on sache ni qui achète ni qui vend; si
» on en offre, il ne se présente aucune contre-
» partie. »

M. Denéchaud ne saurait se conformer en meilleurs termes, en termes plus convaincus et plus autorisés, à la parole et à la pensée de M. Soulaine.

J'arrive ainsi au mois de février 1866. A ce moment un fait considérable se produit dans la destinée de la Compagnie. Combien de fois ne s'est-on pas armé contre elle de l'incertitude de sa situation, soit au regard de la Porte, soit au regard du vice-roi d'Égypte? Combien de fois n'a-t-on pas répété qu'elle était à la merci du vice-roi, et que jamais la Porte ne lui octroierait un firman de ratification? Cette difficulté va s'aplanir. La sentence arbitrale, rendue par S. M. l'Empereur, le 6 juillet 1864, a préparé les voies à une entente amiable entre le vice-roi et la Compagnie. Des négociations se sont entamées ; elles viennent d'aboutir à une convention, qui est définitivement signée le 22 février. Peu de temps après, la Porte octroie son firman de ratification. La nouvelle de ces faits arrivent immédiatement en France. Comment les trois journaux incriminés vont-ils l'accueillir?

Dans le *Journal des Travaux publics*, M. de Chabaud feint tout d'abord d'ignorer qu'il existât quelques différends à régler entre le vice-roi et la Compagnie ; on n'en avait rien dit à l'assemblée générale du 5 octobre. Quant aux conventions du 22 février et aux avantages qu'elles assurent à la Compagnie, il n'en saurait concevoir que des défiances :

Timeo Danaos et dona ferentes.

Ces avantages, d'ailleurs, lui semblent une compensation insuffisante aux sacrifices que la Compagnie s'impose. On aurait pu, par exemple, stipuler des anticipations sur les paiements que le vice-roi doit faire, et employer les sommes ainsi payées, de façon à exonérer les actionnaires du dernier versement sur le montant de leurs titres.

Le Conseiller ne voit dans la signature des conventions qu'un fait sans importance, prévu depuis longtemps, comme une conséquence nécessaire de la sentence impériale. Là n'est point pour lui l'intérêt sérieux du moment :

« Ce qui, aujourd'hui, doit préoccuper par-dessus tout les actionnaires de Suez, c'est l'état d'avancement des travaux du canal maritime, c'est le chiffre des dépenses que ces travaux peuvent entraîner, c'est le montant des ressources réelles dont dispose la Compagnie. Or, *plus nous étudions cette affaire, plus nous l'examinons sous toutes les faces, plus elle nous semble appelée, dans un temps prochain, à produire de graves déceptions.* Les actions de Suez ferment aujourd'hui à 412 fr. 50 c. après avoir fait 422 fr. 50 c. *Nous avouons que ces cours sont pour nous un éternel sujet d'étonnement.* »

Le 17 février, *le Conseiller* reprend :

« Les actions de Suez restent à 420 francs. Nous n'avons pas encore sous les yeux le texte des derniers arrangements survenus entre le vice-roi d'Égypte et la Compagnie. Mais en voici les principaux points : La Compagnie renonce aux terrains qui avoisinent le canal d'eau douce, tout en gardant le droit de faire naviguer ses remorqueurs et ses chalands sur ledit canal, dont l'entretien reste à la charge du gouvernement égyptien. Ce dernier s'engage, en outre, à fournir 70,000 mètres cubes d'eau par jour à la Compagnie. — En ce qui concerne le canal maritime, la Compagnie conserve les terrains indispensables à son exploitation, à savoir : francs-bords, berges, chemin de halage. Pour ces terrains, la Compagnie accepte la juridiction égyptienne. — Le vice-roi rentre en possession du Ouady, moyennant une somme de 10 millions de francs. — Enfin, le vice-roi s'engage à payer, en trois années seulement et sans escompte, l'indemnité que la sentence impériale avait répartie en quinze années.

» *Tous ces avantages ne changent absolument rien à notre manière de voir sur l'avenir* de la Compagnie, que nous aurons l'occasion de justifier prochainement.

» On le voit, lorsque les vents sont favorables, tout monte plus ou moins, comme tout baisse, lorsque les circonstances cessent d'être propices. Par conséquent, *on devrait bien, une fois pour toutes, renoncer à ces pures déclamations qui consistent à accuser la spéculation* de tout le mal qui arrive. »

Le 24, le firman de la Porte est connu. *Le Conseiller* en informe ses lecteurs :

« Le Suez fait 427 fr. 50 c.

» Une dépêche d'Alexandrie annonce que la convention définitive, récemment conclue entre le vice-roi d'Égypte et la Compagnie de l'isthme de Suez, a été approuvée par le Sultan et qu'elle sera insérée *in extenso* dans le firman que prépare la Sublime Porte, et qui deviendra enfin le titre d'investiture de la Compagnie. *Tout ceci est pour nous sans importance.* Nous aimerions mieux apprendre combien, depuis la dernière assemblée, MM. Borel et Lavalley ont déblayé de mètres cubes de terrain. »

La *Correspondance autographiée* ne dit qu'un mot des conventions du 22 février et du firman de ratification.

« Le Suez, *dont le dernier versement approche,* a été peu animé. On a annoncé à grand bruit que toutes les difficultés avec le vice-roi d'Égypte avaient reçu une solution favorable, *et l'on s'est servi de ce prétexte pour relever les cours de 400 à 425 francs.* Mais les difficultés avec le vice-roi étaint bien secondaires en raison de celles que présente l'établissement du canal ! Du reste la baisse recommence. »

Denéchaud parle ainsi le 10 février, faisant écho, vous le savez, au *Journal des Travaux publics* et au *Conseiller*. Le 3 mars, il ajoute :

« Le Suez, après avoir monté à 430 francs, est lourdement retombé au-dessous de 420 francs. *Les dernières réclames* n'ont donc pas produit l'effet qu'on en espérait. La vérité de la situation commence à se faire jour. *Serait-ce parce que les administrateurs la craindraient qu'ils ne donnent pas suite aux divers procès qu'ils avaient commencés contre plusieurs organes de publicité* qui avaient essayé de la faire connaître. L'avenir nous l'apprendra. Quant à nous, qui étions aussi compris dans ces poursuites, nous attendons ! »

Et, le 8 mars, le *Journal des Travaux publics*, par la plume de M. Nouette-Delorme, ne dédaigne pas, malgré ses préoccupations d'ordinaire plus élevées, d'écrire à son tour, sous la rubrique *Bulletin de la Bourse* :

« Nous allions oublier de comprendre dans cette revue la Compagnie du Canal maritime de Suez. Cependant nous tenions à constater que *toutes les agaceries ont été faites au public* pour le ramener vers les actions de cette entreprise, sans que les cours soient sortis de leur immobilité. Les dépêches télégraphiques n'ont plus d'influence ; *le monde s'est fatigué d'apprendre pour la vingtième fois que toutes les difficultés sont levées, et que désormais il ne reste plus qu'à exécuter le canal.* »

Ainsi que l'a dit la *Correspondance autographiée*, le moment approche où la Compagnie va faire l'appel du dernier versement de son capital. Cet appel a lieu au commencement de mai, et le versement doit avoir lieu en juillet. Ce n'est là un fait inattendu pour personne ; M. de Lesseps l'a annoncé à l'assemblée générale du 5 octobre 1865, tout en déclarant que l'appel n'aurait pas lieu avant 1866. Et, depuis lors, les trois journaux incriminés, vous l'avez pu voir, ont pris soin de le rappeler, d'y insister et d'y revenir en toute occasion. Mais si ce n'est là un fait inattendu pour personne, ce peut être, aux mains des adversaires de la Compagnie, une arme terrible, surtout lorsque ces adversaires ne reculent ni devant les insinuations les plus perfides, ni devant les manœuvres les plus osées.

La *Correspondance autographiée* l'a bien compris. Le 5 mai :

« La Société du canal de Suez vient de faire l'appel des derniers 100 francs restant sur ses actions. Le versement doit être fait en juillet prochain. Nous avons prévu et annoncé depuis longtemps que cet appel aurait lieu, *malgré la promesse contraire qui en avait été faite. Nous prévoyons qu'un grand nombre de porteurs préféreront vendre leurs titres que de faire ce paiement, et nous pensons qu'ils feront bien.* »

Le 26 mai :

« Le Suez est complètement négligé. Il ne se fait presque pas d'opérations à terme sur cette valeur, et les offres au comptant, *par les porteurs qui ne veulent pas opérer le dernier versement,* trouvent difficilement acheteurs. *Nous croyons que la baisse est bien loin d'être finie sur cette valeur.* »

Le 9 juin :

« Quant aux actions de Suez, nos clients reconnaîtront que nous ne nous étions pas trompés dans nos prévisions, *en annonçant que le nouvel appel de fonds serait l'occasion de ventes nombreuses.* Le cours stéréotypé de 420 francs n'a pu résister à l'abondance des offres, et l'on trouve à peine à vendre aujourd'hui à 275 francs ; c'est donc déjà 145 francs de baisse, *et nous ne sommes pas au bout. Heureusement que presque tous nos clients ont suivi nos avis et se sont empressés de vendre pendant qu'il en était encore temps.* »

J'abuserais de votre attention, Messieurs, si je voulais commenter ces articles, et vous montrer comment la mauvaise foi s'y révèle à chaque mot, mise au service d'une spéculation déloyale ; — comment tous ils s'enchaînent, s'appuient, se corroborent, afin d'assaillir de toutes parts la confiance du public et des actionnaires ; — comment, tous, ils convergent vers un même but : empêcher que les actionnaires n'effectuent le dernier versement, écraser les cours du marché, porter, en un mot, un coup fatal et décisif à la Compagnie. La *Correspondance autographiée* poursuit cette œuvre de discrédit systématique sur le terrain particulier où elle l'a entreprise depuis près d'un an. Le *Journal des Travaux publics* la poursuit, de son côté, dans la sphère plus générale où il s'est placé. L'heure est venue pour lui de frapper un grand coup. La publication du firman de la Porte lui en fournit le prétexte. L'appel du dernier versement en est seul l'occasion déterminante. Le 3 mai, sous la signature de M. de Chabaud, il publie son dernier manifeste. Vous l'y retrouverez tout entier, avec ses procédés habituels de polémique, poussés aux dernières limites de l'abus par l'urgence et les nécessités de la situation.

Ce sont encore les *interpellations* et les *doléances* des actionnaires qui provoquent M. de Chabaud à l'examen approfondi des conventions du 22 février.

« Vainement, *la presse, à de rares exceptions près, semble avoir accepté un mot d'ordre en dissimulant ce que ces conventions renferment de déceptions pour les intéressés et pour le sentiment public du pays, qui de tout temps s'est montré si exagérément sympathique à l'entreprise. Vainement aussi, depuis dix ans, la presse du monde presque entier s'est faite complice des plus hyperboliques flatteries. Les plus ardents et dévoués prôneurs du percement de l'isthme se demandent, frappés de stupéfaction, quels impérieux motifs ont déterminé M. de Lesseps à signer les conventions du 22 février. Le journal l'Isthme de Suez ne craint pas de présenter le firman de ratification comme un acte important, plaçant la Compagnie et son œuvre à l'abri de toute difficulté ultérieure,* établissant les concessions originaires *sur les bases les plus incontestables,* constituant enfin *le titre irrévocable des droits, des priviléges et des obligations de la Compagnie.*

    « Auguste vérité, descends du haut des cieux !

écrivait Voltaire *en tête d'un poë e qu'il savait destiné à offenser tous les sentiments, toutes les susceptibilités, toutes les délicatesses du public et contre lequel l'indignation des masses proteste encore de nos jours.*

  » *A son exemple,* l'organe de M. de Lesseps a jugé nécessaire de faire précéder d'une offense à la vérité et à la raison le texte des conventions qui, loin de consacrer celles de 1854 et 1856, *détruit ce qu'elles ont d'essentiel,* et qui, loin d'établir les *droits* et *priviléges* de la Compagnie, *les anéantit de la façon la plus formelle.*

  » Franchement, pour écrire de telles choses, *il faut avoir puisé dans la longanimité de ses lecteurs,* et dans celle des intéressés de la Compagnie, une bien robuste conviction de la faculté de se jouer d'eux et de leur bénignité.

  » *Chaque article des conventions* du 22 février, *chaque trait du firman qui les consacre,* donnent *un démenti formel à* tout ce qui a été promis, publié, soutenu par la parole et par la plume depuis tantôt douze années.

  — Vouloir présenter ces nouveaux accords comme une confirmation ou une consolidation des droits et priviléges concédés à la Compagnie, c'est faire de la bienveillance du public *le plus audacieux des abus qui ait jamais été consommé.*

  » Ce n'est pas que *les déceptions qui se vérifient* aient lieu de nous surprendre. Non, car il n'est *point de mécomptes auxquels nous ne soyons préparés dans cette affaire,* et ceux qui se dévoilent aujourd'hui ne sont à nos yeux que *les premiers anneaux de la douloureuse chaîne* par nous signalée de longue date. Mais *notre conscience se révolte* devant le sans-gêne avec lequel ces faits sont présentés comme des événements heureux et satisfaisants.

  » *Un tel langage nous fait regretter l'extrême modération des critiques que nous avons formulées* précédemment dans les colonnes de ce journal, contre la direction de l'entreprise du canal de Suez, et *qui ont servi de prétexte à son indignation simulée.*

  » Mais il est temps d'aborder l'examen des actes auxquels on a donné tant de retentissement depuis quelques semaines. »

Après ce préambule, que je n'ai plus à qualifier, M. de Chabaud entre dans les détails de la convention. Ai-je besoin de dire qu'il n'y rencontre que des espérances trompées, des intérêts sacrifiés, des prévisions trop pleinement justifiées ? Ajouterai-je que la faute de tous ces mécomptes retombe lourdement sur la direction de la Compagnie, qui a follement compromis la dignité du nom français, en même temps que les droits de ses actionnaires ? Les actionnaires ! voilà surtout les vrais intéressés, ceux qui sont dignes avant tout de protection, et que les conventions du 22 février ont cruellement sacrifiés. Quelques-uns d'entre eux vont jusqu'à douter de la

validité de ces conventions. D'autres, qu'en les signant, M. de Lesseps *a rompu les liens du pacte social,* parce qu'il a dénaturé l'objet même de la Société. Les compensations qui leur sont données sont dérisoires. Le contrat met à la disposition de la Compagnie des ressources énormes ; au lieu de distribuer cet argent aux actionnaires, on fait un appel de fonds. En présence de pareils abus, les actionnaires n'ont qu'un parti à prendre : se fixer avant tout sur l'état des travaux, et, si leur légitime attente est trompée, deux voies leur sont offertes :

  « 1° *Faire valoir, vis-à-vis de la Compagnie, les droits indiscutables que possède chaque actionnaire, en exigeant, soit le remboursement des versements effectués, soit la restitution, aux intéressés, des sommes formant la compensation égyptienne.*

  » 2° *Demander au vice-roi d'Égypte qu'il reprenne les actions des sociétaires dont la position a été si profondément altérée par le contrat du 22 février, et peut-être ce prince, qui paraît généreusement réparer les erreurs et les fautes commises dans cette affaire, consentira-t-il à racheter les actions, de même qu'il a déjà racheté l'obligation de fournir les contingents, la concession des terres, le domaine du Ouady, etc.*

  » *Nous croyons même avoir lu dans quelques journaux politiques que la présence à Paris d'un des ministres d'Égypte se rattachait à une négociation de ce genre, et nous n'en serions pas étonnés, malgré la dénégation que contient le journal de la Compagnie, dans son numéro du 1er mai.* »

Je ne veux dire d'un pareil article qu'une chose, c'est qu'il est le digne couronnement de tous ceux qui l'ont précédé. Il faut le lire en entier ; vous l'avez lu déjà, Messieurs, vous voudrez le relire, pour vous rendre un compte plus exact encore des excès de tous genres qu'une certaine presse financière ne craint pas de mettre au service de ses spéculations.

Tel est le manifeste du 3 mai. La résistance des actionnaires à l'appel du dernier versement en est, malgré les précautions du langage, le dernier mot et l'unique pensée. Le 3 juin, le *Journal des Travaux publics* insère la note suivante :

  « Un comité d'actionnaires s'est constitué sous la présidence de M. le comte de Villers, à l'effet de délibérer sur les questions suivantes :

  » 1° Y a-t-il lieu, en présence des faits actuels, de verser la somme de 100 francs appelée par le Conseil ?

  » 2° Est-il exact, comme l'annonce l'avis de convocation à l'assemblée du 1er août, qu'aux termes de l'article 48 des statuts, les titres doivent être libérés de 500 francs pour que les porteurs puissent y assister ?

  » 3° Y a-t-il lieu de déposer, square Clary, n° 9, les titres possédés par les actionnaires, en présence de l'avis du Conseil que ces titres ne seront pas rendus et qu'il sera remis en échange des titres définitifs dont le libellé est inconnu ?

  » 4° Y a-t-il lieu de réclamer la distribution entre les actionnaires des indemnités que S. A. le vice-roi d'Égypte s'est engagé à payer par l'article 8 de la convention du 22 février 1866 ?

» Le comité a institué des délégués, rue d'Aumale, n° 7, qui sont chargés de recevoir les actionnaires. »

Et, en insérant cette note, M. Nouette-Delorme en personne la fait précéder d'un article que je recommande à vos méditations :

« *Nous appelons l'attention de nos lecteurs sur l'annonce qui est insérée plus loin dans le journal.* Notre conviction est que, malgré les dernières conventions, *malgré la situation actuelle de la Société*, l'entreprise du canal maritime de la Méditerranée à la mer Rouge peut encore être exécutée sous l'influence française ; mais notre conviction est aussi qu'il est temps, plus que temps pour les *intéressés*, de se mettre à la tête de leurs propres affaires. Lorsqu'une entreprise est entièrement perdue, il est trop tard ; le Séville-Xérès, les Portugais, le canal Cavour, celui de l'Èbre, le Saragosse, le Victor-Emmanuel, le chemin de Savone, les Romains, etc., etc., auraient pu être de bonnes affaires si elles avaient été mieux conçues et surtout mieux dirigées. L'insouciance des actionnaires pour leurs propres intérêts, leur confiance aveugle dans les conseils d'administration, ont amené la ruine de toutes ces entreprises. *Il serait déplorable que le même sort vînt frapper l'affaire du canal de Suez.* Nous sommes convaincus que les actionnaires sauront se rendre à l'appel qui leur est fait dans des termes aussi fermes que modérés.

» Qu'ils avisent donc. »

Vous remarquez la forme impersonnelle de cet article. M. Nouette-Delorme approuve de toutes ses forces la résolution des actionnaires, mais vous affirmeriez que le comité lui est étranger, et qu'il n'a en rien concouru à son organisation.

Le 7 juin, M. de Chabaud développe à son tour le programme du comité.

« Les pensées qui animent le comité sont de nature à intéresser tous les porteurs et à n'inspirer d'inquiétudes à aucun. *Elles résument les impressions de nombreux souscripteurs qui se sont demandé pourquoi l'administration leur réclame un versement de 100 francs*, alors qu'elle doit avoir un solde considérable des versements antérieurs, en raison des retards occasionnés dans la marche des travaux par la confection du matériel mécanique ; tandis qu'elle a encaissé de fortes sommes sur les versements et les indemnités du gouvernement égyptien, et qu'elle a conclu avec ce dernier des arrangements qui assurent des ressources très-considérables à l'entreprise.

» Le comité, en se proposant d'examiner s'il y a lieu de déposer les titres actuels pour les échanger contre des titres définitifs dont le libellé est inconnu, va au-devant d'une mesure dont tous les actionnaires devraient se préoccuper, s'ils connaissaient les précédents qui ont eu lieu dans des cas semblables. Il est évident que des modifications très-graves ont été apportées dans l'existence de la Société par les actes accomplis au Caire et qui n'ont jamais eu la sanction de la masse la plus considérable des actionnaires, puisqu'il n'y a que les propriétaires de 25 actions qui soient admis aux assemblées. Or, *il importe à ceux qui trouvent la base de* la Société *trop profondément altérée, de ne pas échanger leurs titres actuels contre des nouveaux*, si ces derniers devaient contenir la mention d'une adhésion aux modifications dont il s'agit.

» Il y a des actionnaires qui considéreraient aujourd'hui comme un résultat, sinon satisfaisant, du moins consolant, une répartition plus ou moins complète du produit des indemnités, et qui ont manifesté publiquement leurs désirs à cet égard. Le comité se propose d'examiner cette question, afin d'aviser aux moyens de provoquer une délibération de l'assemblée générale, s'il y a lieu, et en se conformant aux statuts de la Société.

» Enfin, il a paru aux actionnaires qui se sont communiqué leurs impressions, que l'avis de convocation publié par ordre du Conseil d'administration contenait une disposition comminatoire, qui n'est pas autorisée par les statuts sociaux, *et que la menace de ne pas admettre à l'assemblée générale les actionnaires qui n'auraient pas satisfait à l'appel du dernier cinquième* du prix des actions, outre qu'elle excède les attributions du Conseil et de la direction, est une atteinte portée aux droits inviolables de l'assemblée générale. Cette menace, en effet, ne tendrait à rien moins qu'à priver l'assemblée générale de la faculté de délibérer sur des questions capitales, et à la placer en présence de faits accomplis.

» Nous croyons, en conséquence, que le comité a fait une bonne chose en se constituant pour étudier, avec le concours de tous les actionnaires de bonne volonté, des questions de la plus haute importance pour la masse des intéressés, et nous engageons ceux qui veulent s'éclairer et éclairer les autres à se rendre à l'invitation du comité. »

En même temps que la note du 3 juin reçoit ainsi l'appui du *Journal des Travaux publics*, elle est lancée à tous les vents de la publicité. Quatorze journaux de Paris et cent dix-huit journaux de province la reproduisent. Inutile d'ajouter qu'ils ne la reproduisent point gratuitement ; inutile de nommer celui qui fait les frais de cette énorme publicité. Vous l'avez depuis longtemps nommé, et ses actes vont bientôt le trahir.

Cependant, Messieurs, à peine jetée dans la circulation, la note du 3 juin éveille de toutes parts les alarmes des actionnaires. Depuis un an, leur confiance est incessamment assaillie par tous les côtés. Chaque semaine, *le Journal des Travaux publics*, *le Conseiller*, *la Correspondance autographiée*, leur arrivent spontanément, comme pour forcer les dernières retraites de leur intérêt ou de leur dévouement. A la Bourse, la spéculation écrase les cours de leurs titres. Et voici qu'on leur annonce qu'alarmés comme eux, mais plus résolus ou plus clairvoyants, certains de leurs co-intéressés se réunissent pour examiner la situation, et prendre des résolutions extrêmes. Et à quel moment cette nouvelle vient-elle à eux ? Au moment où ils vont verser leur dernier cinquième, à la veille même de l'assemblée générale du 1er août ! Quel est

donc l'actionnaire, si dévoué qu'il soit, qui ne s'inquié-
terait à de pareilles excitations ? Aussi la Compagnie
est-elle interrogée de toutes parts sur le comité de
la rue d'Aumale, sur sa composition, sur le degré
de confiance qu'il mérite. Elle répond, le 16 juin, par
un article inséré dans le journal *l'Isthme de Suez*,
sous ce titre *Un pseudo-comité*. Et le comité de direction adresse à tous les journaux une communication
par laquelle il déclare n'avoir rien de commun avec
le comité de la rue d'Aumale, qui n'est à ses yeux
qu'une nouvelle manœuvre organisée contre la Compagnie.

Messieurs, le comité de direction se trompait-il,
quand il émettait une pareille opinion ? Le journal
l'Isthme de Suez se trompait-il lui-même, quand il
qualifiait de *pseudo-comité* la réunion de la rue d'Aumale ?

Quels sont d'abord les actionnaires qui la compo-
saient ? De combien d'actions chacun d'eux était-il
porteur ? Quelle a été la mesure de l'adhésion de chacun aux propositions contenues dans la note du 3
juin ? M. Nouette-Delorme a répondu. Malgré les
formes prudentes de son article du 3 juin, il faisait
partie du comité, il en était l'âme, et sans lui le comité n'était rien. Il a donc répondu par la production
de onze lettres, émanées d'autant d'actionnaires. Vous
voudrez lire ces lettres, et, en les lisant, vous remar-
querez que cinq seulement contiennent une adhésion
entière, tandis que trois autres renferment de simples
demandes de renseignements, et que les trois dernières se bornent à des observations sur l'appel du
versement. Des cinq lettres contenant une adhésion
complète, trois seulement indiquent le nombre d'actions dont leurs signataires sont porteurs. Ce nombre
n'excède pas 40 actions. Élevez à 100, si l'on veut,
le chiffre des titres qui adhèrent, est-ce là, je le demande, un comité dont il soit permis de dire qu'il
résume *les impressions de nombreux souscripteurs?*

Le comité est constitué sous la présidence de M. le
comte de Villers. Qu'est-ce que M. le comte de Villers ? M. Nouette-Delorme s'est encore chargé de répondre à cette question dans la défense qu'il a fait
présenter à votre barre, et vous n'avez point oublié
comment M. de Villers vous est alors apparu, homme
fort inoffensif, un peu ridicule, très-infatué d'abord
du rôle qu'on lui attribue, puis inquiet au jour de
l'action, et se retirant précipitamment quand on le
convie à marcher en avant. Le portrait est peu flatté ;
peut-être est-il fidèle. Seulement, en le traçant devant vous, M. Nouette-Delorme a oublié sous quelles
couleurs il avait présenté M. de Villers au public et
quel abus il avait fait de son nom. Prenez garde ;
si cet homme se révèle à vous par sa correspondance, sous un aspect qui vous l'a nécessairement fait
juger dès le premier jour, pourquoi le montrez-vous à

tous comme un actionnaire dont le nom seul doit
inspirer confiance dans les alarmes que vous semez ?
comment avez-vous pu songer à lui déférer, en quelque sorte d'office, la présidence d'un comité appelé
à prendre les plus graves résolutions ? C'est là déjà
plus qu'un abus, quand on prétend éclairer le public,
au nom des immunités imprescriptibles de la presse
financière. Et pourtant, ce n'est rien encore.

Le 14 mai, M. de Villers autorise Nouette-Delorme
à se servir de son nom pour tout appel aux actionnaires. Le 13 juin, il prie qu'on le supplée momenta-
nément au moins dans sa présidence, ne pouvant se
trouver continuellement à Paris. Le 21, il s'excuse
des démarches à faire pour obtenir une autorisation
de réunion. Le 25, il demande qu'on suspende les
réclames du comité sous son nom ; se sont ses propres expressions. Le 27, il déclare qu'il veut re-
prendre sa liberté d'action. Le 30, il exprime à un
actionnaire, M. Morellet, ses regrets de l'abus que
l'on a fait de son nom ; ce sont encore ses propres
expressions. Le 1er juillet, il s'excuse auprès de la
Compagnie. Enfin, le 5, il fait insérer dans le *Journal du Cher*, une note désavouant complétement la
présidence du comité.

M. Nouette Delorme tient-il compte de la déclaration que M. de Villers lui adresse le 27 juin ? où est,
soit dans le *Journal des Travaux publics*, soit dans tout
autre organe de publicité, l'avis de sa retraite ? Ce n'est
point là cependant un fait indifférent ; car, tandis que
M. de Villers se retire, les annonces, publiées sous
son nom, continuent à figurer dans les 14 journaux
de Paris et dans les 118 journaux de province où
elles ont été insérées, et le public continue à penser
que le comité se réunit et fonctionne sous le haut pa-
tronage de M. le comte de Villers.

Le comte de Villers ! Ce titre lui appartient-il
bien ? Aucune de ses lettres n'en fait mention, et, le
18 mai, voici une lettre qu'il adresse à Nouette-
Delorme :

> « *Brecy, 28 mai 1866.*
>
> » Monsieur,
>
> » *J'ai réfléchi que pour donner plus de poids à mon nom,
> il sera mieux de mettre ma qualité, maire de Brecy (Cher) ;*
> VOUS POUVEZ VOUS DISPENSER DE METTRE UN TITRE HONORI-
> FIQUE *qui n'a pas grand intérêt pour le public, qui ne me con-
> naît pas, surtout à Paris.*
>
> » Je me conforme pour le reste à votre *rédaction.*
>
> » Mille compliments empressés,
>
> » *Signé :* DE VILLERS. »

Il est facile, je crois, de lire, à travers ces lignes ;
peut-être M. de Villers prend-il dans la vie ordinaire un titre qu'il ne croit pas devoir adjoindre à
sa signature, et que surtout il ne voulait point produire en public, sur des annonces qui allaient atti-
rer tous les regards, et qui pourraient aussi entraî-

ner certaines investigations. Quoi qu'il en soit, il demande qu'on substitue sa qualité administrative au titre honorifique qui lui a été donné. Suit-on ses instructions? non pas, Messieurs. A aucun prix, on ne répudierait une qualification qui pare honorablement les appels du comité; et M. de Villers restera comte, en dépit de ses désirs et de sa volonté, dans tous les actes où Nouette-Delorme aura l'occasion d'écrire son nom.

Composé comme vous savez, Messieurs, présidé comme vous savez aussi, le comité s'est-il constitué, s'est-il réuni, a-t-il pris des résolutions? oui, si j'en crois Nouette-Delorme. Le 2 juillet, voici une lettre qu'il écrit à un actionnaire, pour l'inviter à se trouver le 5, rue d'Aumale, nᵒˢ 5 et 7, à une réunion. Il la signe, je le note en passant, *Fondé de pouvoirs de M. le comte de Villers*. Le 3 juillet, même lettre à un autre actionnaire. Le 9, une réunion a lieu, et des commissaires sont nommés pour s'aboucher avec la Compagnie, — si du moins j'en dois croire un imprimé joint aux pièces, qui se termine par ces mots : *Et ont signé, à la minute, tous les actionnaires présents*. Le 10, cet imprimé est répandu, avec une lettre que je cite textuellement.

UNION GÉNÉRALE DES ACTIONNAIRES ET DES OBLIGATAIRES.
5 et 7, rue d'Aumale, Paris.

» *Paris, le 10 juillet 1868.*

» Monsieur,

» J'ai l'honneur de vous adresser le texte des Résolutions qui ont été adoptées dans la dernière réunion.

» Si ces Résolutions obtiennent votre assentiment, je vous prie d'y adhérer, d'y faire adhérer les actionnaires de votre connaissance, et de m'envoyer votre signature et la leur assez à temps pour que nous puissions nous conformer aux Statuts.

» L'article 15, en effet, exige, pour que les questions indiquées soient prises en considération, que le dépôt en soit fait au siége de la Société avant le 15 courant.

» Des considérations personnelles ont déterminé M. le comte de Villers à ne plus prendre part à nos travaux; *la réunion tenue hier*, tout en regrettant cette retraite, n'a vu, dans les causes qui l'ont amenée, rien qui pût modifier ses intentions et elle a pourvu au remplacement de M. de Villers par le choix de Commissaires.

» Agréez, Monsieur, l'assurance de ma considération très-distinguée.

Le secrétaire, Y. TROPEL.

Ainsi, le comité s'est continué sous le titre d'*Union générale des actionnaires et des obligataires*; il a un secrétaire; il a nommé des commissaires; il a tenu des réunions. Je demande qu'on apporte au tribunal le registre des délibérations; il importe de savoir quels sont les actionnaires qui ont signé notamment la délibération du 10, et dont l'imprimé que je viens de citer a omis de reproduire les signatures. Cela importe, parce que, quand je consulte les lettres d'adhésion que Nouette-Delorme a produites, je les

vois datées de Dijon, de Carcassonne, de Nancy, de Layrac, de Beauvais, de Grenoble, de Saint-Lô. Sur onze lettres communiquées, deux seulement sont datées de Paris. Cela importe enfin, Messieurs, en présence du fait suivant que vous me permettrez de choisir entre plusieurs autres.

Le 26 juin, un actionnaire, M. Morellet, après s'être inutilement adressé à M. de Villers, pour avoir quelques renseignements sur le comité, écrit à Nouette-Delorme. Veuillez bien écouter la réponse que celui-ci lui fait, le 30 juin :

« Monsieur,

» Des lettres qui me sont adressées journellement sont si nombreuses et le temps que je puis consacrer à la question du canal de Suez est assez limité pour que je sois en retard vis-à-vis de quelques correspondants, notamment vis-à-vis de vous.

» Vous me demandez, et au besoin vous me requérez de vous faire connaître, sous ma responsabilité, les documents sur lesquels reposent les alarmes répandues sur la situation actuelle du canal de Suez.

» J'ignore si des alarmes sont répandues sur cette entreprise. Je sais fort bien qu'elle est discutée, et mon journal a eu particulièrement cette témérité. Si donc vous voulez connaître mon opinion personnelle et celle de la feuille que je dirige, cela vous est très-facile: vous n'avez qu'à adresser à l'administration, rue de la Grange-Batelière, nᵒ 13, la demande d'une collection.

» Le comité dont M. de Villers fait partie et *le Journal des Travaux publics* sont deux, et vous trouverez bon que je maintienne la distinction.

» Comme *publiciste*, je ne relève que de ma conscience et nullement des sentiments que peuvent inspirer aux actionnaires déçus dans leurs illusions les discussions et les critiques insérées dans mon journal.

» Comme *actionnaire membre du comité pour le canal de Suez*, j'use de mes droits en provoquant la mise à l'ordre du jour de l'assemblée générale de certaines questions que les actionnaires par centaines croient utiles d'y introduire, afin d'appeler les délibérations de l'assemblée sur des sujets de haut intérêt.

» Il se peut, Monsieur, que vous ne partagiez point leurs vues, qui sont les miennes, mais ni eux, ni moi, nous ne reconnaissons à vous et à l'administration de la Compagnie le droit de nous refuser cette satisfaction et de nous intimider par des menaces quand nous voulons exercer ce droit.

» J'appelle votre attention sur les prospectus de la Compagnie, sur les cinq volumes de documents officiels, notamment sur la 5ᵉ série, page 37, et enfin sur les comptes rendus aux assemblées; et, si vous trouvez que les promesses de M. de Lesseps ont été remplies, il ne me restera qu'à admirer votre résignation et votre persévérance, ce qui ne veut pas dire que je vous conseille d'y renoncer.

» Veuillez agréer, etc. NOUETTE DELORME. »

Voilà, il faut l'avouer, Messieurs, une lettre bien éloquente et bien instructive à la fois. Vous pouvez juger maintenant si le journal *l'Isthme de Suez* avait raison d'appeler la réunion de la rue d'Aumale un *pseudo-comité*. Vous pouvez juger aussi de quel nom il faut appeler ces manœuvres accumulées, sans respect pour le public, sans respect pour soi-même, dans un intérêt que je ne saurais trop énergiquement flétrir. La lettre de Nouette-Delorme à M. Morellet me conduit à poser une dernière question : Nouette-Delorme est-il bien actionnaire? On a vainement cherché son nom parmi les titulaires d'actions nominatives. Mais il peut avoir des actions au porteur. S'il en a, il n'en aurait que bien peu, car son nom ne figure sur aucune des listes dressées pour les assemblées générales. Encore une fois, est-il bien actionnaire?

Je m'arrête ici, Messieurs, et je songe à quelle époque nous voici maintenant parvenus. Le 1er août approche, l'assemblée générale des actionnaires va se réunir. Une épreuve solennelle se prépare. Si toutes les alarmes, répandues depuis une année par les journaux incriminés, sont fondées ; — si l'avenir de la Compagnie est compromis ; — si M. de Lesseps a déchiré le pacte social, en signant les conventions du 22 février; — si le comité de la rue d'Aumale est l'œuvre d'intérêts sérieux et respectables, il est impossible que les inquiétudes du dehors ne se fassent pas jour au sein de l'assemblée. Le 1er août, l'assemblée se réunit. M. de Lesseps présente le rapport annuel. Pas une réclamation ne s'élève, pas une protestation ne se fait entendre :

« L'acceptation sans discussion du rapport par l'assemblée, dit alors M. de Lesseps, est un fait dont la portée est significative. Vous ne pouvez rien faire de plus fortifiant pour nos intérêts à tous.

» Un actionnaire. — Nous avons voulu protester ainsi contre les indignes attaques dont vous avez été l'objet. (Oui, oui, tous! — Longs applaudissements.)

» M. Ferdinand de Lesseps. — Il ne me reste plus, Messieurs, qu'à soumettre à votre approbation les résolutions suivantes. »

Je n'imagine pas, Messieurs, de meilleurs juges des intérêts d'une société que les associés eux-mêmes. Tel n'est pas cependant l'avis de M. de Chabaud. Croyez-vous qu'il va désarmer, en présence de ce fait considérable qui répond avec tant d'autorité à toutes ses attaques? Le lendemain, il écrit dans le *Journal des Travaux publics* :

« Au moment où nous écrivons ces lignes, la Compagnie du canal de Suez tient son assemblée générale annuelle.

» Le directeur du *Journal des Travaux publics* et les actionnaires ses amis ayant cru devoir ajourner le versement du dernier cinquième de leurs actions, exigé, pour assister à l'assemblée, nous n'avons pas à traduire leurs impressions sur les communications de M. de Lesseps. Ayant nous-même vendu les 200 actions que nous avions souscrites dès l'origine de la Société, parce que nous n'avions plus conscience dans son avenir, nous

n'aurions pu assister à l'assemblée que si le président de la Compagnie nous en avait libéralement ouvert l'accès, comme publiciste.

» Or, l'état de nos rapports avec la direction ne nous permettait pas de nous y présenter sans une invitation qui aurait pu être suscitée par le bon goût et par le sentiment de l'impartiale et libre discussion.

» Nous ne savons, par conséquent de la séance d'aujourd'hui, que ce qui nous en a été rapporté. Nos collègues du journalisme nous ont paru médiocrement satisfaits, singulièrement impressionnés par les cocasseries qu'ils ont entendues.

» Nous attendrons le compte rendu officiel de la séance pour nous former une opinion sérieuse sur la valeur des communications faites aux actionnaires, et pour en parler à nos lecteurs.

J'ai fini, Messieurs. L'action portée devant vous par la Compagnie universelle du Canal maritime de Suez est amplement justifiée. Jamais peut-être, en de semblables circonstances, abus plus grave n'a été commis, à l'ombre des immunités de la presse et sous le couvert des droits du publiciste. A côté de l'abus, vous édicterez la responsabilité contre Nouette-Delorme, en première ligne ; contre Nouette-Delorme, l'instigateur ou l'auteur de tous les articles, l'organisateur de toutes les manœuvres, le spéculateur à la baisse, qui n'a reculé devant aucun moyen pour atteindre le but déshonnête qu'il poursuivait ; la responsabilité, au même titre, contre de Chabaud, qui s'est associé jour par jour à l'œuvre de son directeur, pour ne pas dire de son complice ; la responsabilité, sur un plan secondaire, contre Soulaine et De néchaud, cogérants du *Conseiller* jusqu'en février 1866, associés, eux aussi, dans une mesure plus restreinte pourtant , aux manœuvres, aux excès, à la spéculation de Nouette-Delorme ; enfin, la responsabilité contre Denéchaud seul, comme rédacteur de la *Correspondance autographiée*, responsabilité distincte, qui ne se justifierait que trop, s'il en était besoin, par les faits survenus depuis votre dernière audience.

La responsabilité une fois édictée par vous, dans quelle mesure arbitrerez-vous la réparation ? Votre sagesse en décidera, Messieurs. Mais, parvenus à ce point de votre délibération, vous oublierez quelle est la Compagnie demanderesse? son intérêt s'effacera pour vous devant un intérêt plus haut, l'intérêt de tous. Vous songerez qu'en face de semblables machinations, il n'est pas une entreprise, si puissante et si honnête qu'elle soit, qui puisse compter sur le lendemain. Vous songerez qu'à de pareils ébranlements, le crédit public s'altère, la bonne foi publique s'affaiblit, et la moralité publique n'est que trop vite compromise. Vous rappellerez à tous que la loyauté doit être, sur le marché des capitaux et des valeurs, la règle imprescriptible des transactions, et que le succès ne saurait à aucun prix légitimer des gains que l'honnêteté réprouve. Vous rappellerez en particulier à la presse financière qu'elle ne peut revendiquer ici ses immunités et ses droits qu'au prix du respect constant et de l'accomplissement rigoureux de tous ses devoirs.

JUGEMENT.
(Audience du 17 Août.)

M. le Président du tribunal donne lecture du jugement suivant :

» Le tribunal, vu leur connexité, joint toutes les demandes, et statuant par un même jugement vis-à-vis de toutes les parties :

» En ce qui touche la demande de Ferdinand de Lesseps contre Hohstein, Nouette-Delorme et Chabaud ;

» A l'égard de Hohstein, attendu qu'il désavoue les articles du *Journal des Travaux publics* des 13 et 24 août, 7, 14 et 21 septembre et 5 octobre 1865, qu'il est certain que ces articles ont été faussement publiés avec sa signature, qu'ainsi Hohstein est fondé à demander sa mise-hors de cause ;

» A l'égard de Nouette-Delorme : — Attendu qu'en sa qualité de directeur gérant de ce journal, il est responsable desdits articles ;

» Attendu que dans celui du 13 août, sous le prétexte de questions de jour en jour plus pressantes qui lui seraient adressées par des actionnaires et dont il n'a point justifié, il annonce qu'il existe des préoccupations sérieuses sur l'état présent et sur l'avenir de la Compagnie universelle du canal maritime de Suez ; que le rédacteur, après avoir pris le masque de l'amitié, déclare n'éprouver aucun embarras à reconnaître que l'entreprise est dans une situation difficile ; qu'il faut s'attendre à la voir empirer encore ; qu'il y a beaucoup à décompter des espérances conçues dès l'origine et qu'il y a nécessité de prendre des mesures importantes ;

» Que, plus loin, il annonce que le président de la Compagnie, s'il est bien renseigné, aurait résolu de déchirer les voiles qui ont su couvrir jusqu'ici les erreurs et les fautes commises, les mécomptes éprouvés, les sacrifices faits, et qu'il se proposerait de demander un bill d'indemnité pour le passé ;

» Qu'il finit en disant : que M. de Lesseps demanderait aux actionnaires de créer de nouveaux moyens financiers, un nouveau capital en émettant des obligations ;

» Attendu que dans l'article du 24 août, après avoir dit : Nous sommes parmi les amis de M. de Lesseps : en face des situations difficiles on doit la vérité à ses amis ; il demande « qu'au moment où la » Compagnie va affronter cette redoutable épreuve » d'une insuffisance de capital et de la proposition » d'un emprunt, de franches explications soient don-

» nées afin d'effacer les équivoques et de rétablir la » confiance ébranlée ;

» Attendu que, par suite desdits articles, la Compagnie de Suez a publié une note dans laquelle, après avoir expliqué que l'assemblée annuelle des actionnaires avait été renvoyée au 5 octobre, à cause du départ précipité du président pour l'Egypte, où une épidémie qui sévissait sur les ouvriers rendait sa présence nécessaire, elle dément le prétendu projet de création d'un nouveau capital, et indique qu'elle possède à sa disposition une somme de 170 millions, soit en caisse, soit en valeurs de toute sécurité ;

» Attendu que, sans avoir égard à cette note et même sans en parler dans l'article du 7 septembre, le journal persiste à croire que l'entreprise de Suez a besoin d'être consolidée, et qu'il affirme, sur des renseignements certains, que la cause véritable du retard de la réunion des intéressés ne serait autre que le besoin qu'on éprouvait dans l'administration de se présenter devant les actionnaires avec un résultat acquis, fût-il minime ;

» Attendu que, dans l'article du 14 septembre, il parle de la résiliation du marché Hardon, comme si elle avait été provoquée par cet entrepreneur, tandis qu'elle avait été exigée par la Compagnie, et qu'il la présente comme un coup grave porté à la Société ;

» Qu'il prétend faussement que la fouille serait moins avancée, à cause de la fluidité du sol, après plusieurs mois du fonctionnement d'appareils dragueurs, que le jour où l'entrepreneur avait pris possession du chantier ; que ce mécompte menaçait de se reproduire sur une plus grande échelle ; qu'il va même jusqu'à accuser les entrepreneurs de fraudes et de vols, auxquels la Compagnie se prêterait ;

» Attendu que, dans l'article du 21 septembre, il continue à déprécier les travaux, annonçant que les banquettes du canal n'offrent pas la consistance voulue pour supporter les tuyaux en fonte, les terrassements s'effondrant sur des centaines de mètres de longueur ;

» Attendu que Nouette-Delorme, en sa qualité de directeur gérant, et de Chabaud, comme auteur et signataire, sont conjointement et solidairement responsables des articles des 8 et 19 octobre et 19 novembre 1865 ;

» Attendu que, dans l'article du 8 octobre, le journal, dans des termes malveillants, persiste à dire que l'assemblée générale du 1er août a été retardée par les circonstances mensongères dont il a parlé précédemment ;

» Attendu que, dans le numéro du 19 octobre, il qualifie le journal du *Crédit public*, qui avait publié un article sur la Compagnie du canal « d'avocat des mauvaises causes, de causes perdues ou en train de se perdre ; » que, selon lui, les évaluations de l'exposé fait par M. de Lesseps sont un véritable roman, et que les chiffres par lui présentés ne reposent sur aucune donnée discutable pour des gens sérieux ;

» Attendu enfin que, dans le numéro du 19 novembre, il rapporte, contrairement à la vérité, dans des termes blessants pour M. de Lesseps, que, depuis deux ans, il avait l'intention de quitter la direction de l'entreprise, mais que son entourage l'en avait empêché ;

» Qu'il finit en provoquant les actionnaires à prendre des mesures énergiques et radicales pour obtenir la démission en masse de l'administration, et les engage à refuser le dernier cinquième du versement des actions ;

» Attendu que, dans cette série d'articles, les droits de l'écrivain ont été excédés ; que loin de constituer un discussion loyale, ils offrent pleinement le caractère de l'abus, de la mauvaise foi, et qu'ils ont été écrits avec le dessein évident de nuire ;

» Attendu que le doute, à cet égard, n'est pas permis, puisqu'ils ont été réunis en une brochure sous le titre de *La vérité sur le canal maritime de Suez*, éditée, de l'aveu de Nouette-Delorme, à neuf mille exemplaires, distribués gratuitement, au moins en grande partie, et dont plusieurs ont même été adressés à des employés de la Compagnie en Egypte ;

» Attendu que les intentions mauvaises du journal sont encore établies par une suite d'articles écrits avec des sentiments hostiles à la Compagnie de Suez, publiés du 30 novembre 1865 au mois de mars 1866, et qui, s'ils ne font pas partie de ceux sur lesquels repose la demande, doivent être pris néanmoins en considération, à titre de documents.

» Attendu enfin que Nouette-Delorme a cherché à organiser un comité d'actionnaires ; qu'il a adressé des circulaires à des porteurs d'actions, et fait à ses frais des insertions dans cent dix-huit journaux de départements ;

» Que ces démarches et ces dépenses indiquent avec quelle constance il a exécuté le projet de nuire à la Compagnie du canal de Suez ;

» Attendu que les articles indiqués en la demande ont causé un préjudice aux demandeurs, en portant atteinte à leur considération et à leur crédit ; que le tribunal est suffisamment éclairé pour en fixer l'importance ;

» Attendu que les auteurs d'un fait dommageable peuvent être tenus solidairement de réparer le tort qu'ils ont causé, alors qu'il est le résultat d'un concert entre eux, et qu'ils y ont simultanément concouru ;

» En ce qui touche la demande de de Lesseps contre Denéchaud et Soulaine, comme directeurs gérants du journal *le Conseiller, gazette des chemins de fer* :

» Attendu que *le Conseiller*, dans son numéro du 19 août 1865, reproduit l'article du *Journal des Travaux publics* ci-dessus analysé du 13 août 1865, systématiquement hostile à la Compagnie de Suez, et qu'au bulletin de Bourse il prétend que des révélations importantes vont être faites aux actionnaires ;

» Attendu que, dans le numéro du 26 août, il présente comme simulé l'actif de 170 millions résultant de la balance du bilan de la Société au 30 juin 1865 ;

» Attendu que le compte qu'il rend, dans le numéro du 7 octobre, de l'assemblée générale du 5 du même mois, est empreint de malveillance et de mauvaise foi ;

» Attendu que ces publications ont été faites dans le but évident de déprécier les actions du Canal, et que, dans des articles postérieurs à la demande, écrits de façon à inquiéter les actionnaires, *le Conseiller* poursuit d'une manière continue la tâche qu'il s'est donnée ;

» Attendu que ces publications ont été préjudiciables à la Compagnie de Suez ; que c'est justement qu'elle demande la réparation du dommage éprouvé, et que le tribunal est à même d'en apprécier l'importance ;

» En ce qui touche la demande de de Lesseps, ès nom, contre Denéchaud, comme auteur de la *Correspondance autographiée* :

» Attendu que, pendant plusieurs mois, et spécialement en août, septembre et octobre 1865, dans sa *Correspondance autographiée*, il a systématiquement et sans sincérité attaqué la Société du canal de Suez ;

» Attendu que les 5 août et 30 septembre il annonce que les actions continuent à se déprécier ; il dit que la question de savoir si, à cause de la mobilité des sables, l'exécution du canal est possible, est loin d'être résolue, et qu'après avoir parlé des inquiétudes du public sur l'avenir de l'entreprise, il finit en excitant vivement ses clients à vendre leurs titres ;

» Attendu enfin que, dans la circulaire du 7 octobre, il annonce, contrairement à la vérité, que, dans l'assemblée générale, les dépenses de 1864 et celles de 1865 ont été laissées dans l'ombre ; qu'un nouvel appel de fonds a été indiqué pour le commencement de l'année suivante et que les travaux seraient plus longs et plus coûteux qu'on ne l'avait pensé, parce qu'il y avait nécessité de changer la direction du canal ;

» Attendu qu'il importe peu que les circulaires fussent autographiées et expédiées sous la forme d'une correspondance privée ;

» Qu'en effet, si elles étaient secrètes, elles n'en étaient que plus dangereuses pour la Société de Suez, qui ne pouvait en combattre l'effet ;

» Attendu qu'elles ont été envoyées, non-seulement aux clients de Denéchaud, mais encore à un grand nombre d'actionnaires et de personnes qui n'avaient avec lui aucuns rapports;

» Attendu que Denéchaud, par ces pratiques, a déprécié les actions du canal de Suez, porté atteinte au crédit de la Compagnie, et lui a causé un préjudice dont elle est fondée à demander la réparation;

» Attendu que le tribunal peut apprécier l'importance du dommage :

» Par ces motifs,

» Prononce la mise hors de cause de Hohstein;

» Condamne conjointement et solidairement Nouette-Delorme et de Chabaud, même par corps, à payer à la Compagnie universelle du canal maritime de Suez, à titre de dommages-intérêts, la somme de 80,000 fr.;

» Condamne conjointement et solidairement Denéchaud et Soulaine, même par corps, à payer à la Compagnie universelle du canal maritime de Suez la somme de 40,000 francs;

» Condamne encore Denéchaud à payer à ladite Compagnie, à titre de dommages-intérêts, par corps, la somme de 20,000 francs;

» Fixe à cinq années la durée de la contrainte par corps vis-à-vis de tous les défendeurs;

» Autorise de Lesseps, ès qualité, à publier les motifs et le dispositif du présent jugement, dans 50 journaux français et étrangers, à son choix, à savoir : dans 20 journaux aux frais de Nouette-Delorme et Chabaud, dans 20 journaux aux frais de Denéchaud et Soulaine, et dans 10 journaux aux frais de Denéchaud seul;

» Condamne les défendeurs aux dépens, sauf ceux faits vis-à-vis de Hohstein qui restent à la charge des demandeurs. »

Le Gérant : ERNEST DESPLACES.

BOURSE DE PARIS

Cours des actions de la Compagnie Universelle du Canal de Suez.

(Actions : 500 francs.) Du 1er au 15 août 1866. *(Tout versé.)*

Dates.	COMPTANT.	À TERME				En liquidation	REPORTS	
		Premier cours.	Plus haut.	Plus bas.	Dernier cours.		D'une liquidation à l'autre.	Du comptant à la liquidation.
1	348 75	345 »	»	»	340 »	»	0 f.50 à 75 b.	»
2	350 347 50 345	340 »	343 75	»	340 »	345 350 345	0 fr.50 à 1f. b	»
3	345 347 50 350	345 »	»	»	350 »	»	»	1 f. 50 2 f. b.
4	350	352 50	»	»	»	»	»	2 f. 1 f. 75 b.
5	(Bourse fermée.)	»	»	»	»	»	»	»
6	365	352 50	»	350 »	355 »	»	»	2 f. 2 f. 50 b.
7	365 362 50	355 »	»	»	357 50	»	»	2 f. 50 b.
8	362 50 355	357 50	»	»	»			
9	352 50 355 357 50	357 50	»	»	355 »	»	»	»
10	360 357 50 355 357 50	355 »	»	»	357 50	»	»	»
11	360 355 357 50 352 50	355 »	»	»	357 50	»	»	»
12	(Bourse fermée.)	»	»	»	»	»	»	»
13	360 357 50 352 50 356 25	355 »	»	»	»	»	»	»
14	352 50 360	357 50	»	»	»	»	1 f.25 à 1f. b.	»
15	(Bourse fermée.)	»	»	»	»	»	»	»

IMPRIMERIE CENTRALE DES CHEMINS DE FER. — A. CHAIX ET Ce, RUE BERGÈRE, 20, A PARIS.